20年の実践を貫く
信州教育の精神

信大YOU遊

土井 進 編

ジダイ社

はじめに

1．本書の目的

　平成25年３月に，筆者は信州大学教育学部を定年退職しました。それからの10年間は「YOU遊」から完全に離れ，冷却期間を過ごしました。この時にあたり「信大YOU遊サタデー・広場(プラザ)・世間(ワールド)・未来(チャンス)」（以下「YOU遊」と略す）20年間の実践は，どのようなものであったのかを振り返り，その意義を究明したいと考えました。

　本書の第一の目的は，教育者を目指す学生たちの原点となった「YOU遊」の実像を明らかにし，その社会教育的意義を究明することです。それによって，「YOU遊」の実践に携わり，地域社会に貢献した約3,000名の学生たちの努力を顕彰したいと考えました。

　第二は，学生たちが強い意志力をもって取り組んだ「YOU遊」20年の実践を貫いたものは，期せずして「信州教育」の精神であったことを，「信州教育」の先人たちの実践を基に明らかにすることです。

　本書を通して，「YOU遊」を実践した学生たちの情熱と使命感を汲み取っていただければ，これに優る喜びはありません。

2．学生の願いは地域の子どもたちとのふれあい

　「YOU遊」を実践する学生たちが，筆者に強く迫りました。それは「私たちは，授業の単位が欲しくてこの活動をしているのではありません。また，アルバイトとして報酬を目当てにしているのでもありません。この取り組みが授業科目になると，単位を目当てにして参加してくる学生がいるので，絶対に授業科目に

はしないでください！」という強い願いでした。単位もいらない，お金もいらない，という学生たちが求めていたことは，地域の子どもたちとふれあうことであり，積極的に地域社会に貢献することでした。このような自主的・主体的な地域貢献活動を通して，少しでもマシな教育者に成長したいというのが彼らの真の願いでした。この学生たちの真摯な願いを筆者は肝に銘じ，20年間授業科目化しませんでした。学生たちは，子どもたち・地域社会の人々とふれあいながら，その土地の伝統となっている「信州教育」の精神を深く学ぼうとしました。

　「YOU遊」は，教員養成カリキュラムの中に位置づけられることはありませんでしたが，大学当局の温かいご理解とご支援のお陰で，体育館，グラウンド，教室などの施設を全面的に使用することを認めていただき，物品購入費の補助をしていただきました。ここに深く感謝申し上げます。

3．「信大YOU遊」の学生が20年間お世話になった地域社会への御礼

　学生たちが大学キャンパスを出て，活動の舞台として向かった先は，長野県内の各地に広がりました。そこでお世話になった地域の皆様に深く感謝申し上げます。お世話になった地域の皆様と施設名は次の通りです。なお，一部を除き当時の名称を掲載しています。

　　長野県警察本部「武徳殿」，長野県農業協同組合中央会，長野市茂菅(もすげ)地区農家，JAながの営農指導員，長野県自然保護研究所，国立信州高遠(たかとお)少年自然の家，長野市立湯谷(ゆや)小学校子どもランド保護者会，湯谷小学校教職員，長野県短期大学（現長野県立大学），青木村教育委員会，青木小学校，青木村児童センター，麻績(おみ)村教育委員会，麻績小学校，昔遊びの会，地域おこし協力隊，麻績村公民館，信州すざか農業小学校豊丘校，須坂市教育委員会子ども課，須坂園芸高校やさいクラブ，長野市立大岡小学校，大岡子どもプラザ，長野市大岡支所，農村女

性ネットワーク，大岡温泉，大岡農楽里ファーム，福島愛育園，千曲市教育委員会，姨捨（おばすて）の棚田地主，信州大学教育学部附属長野小学校，長野市加茂児童館，長野県長野西高等学校，長野市青少年錬成センター，長野市城山中間教室，長野県長野商業高等学校定時制，信州大学教育学部附属養護学校，長野市障害者福祉センター，長野県社会福祉センター，サンアップル，長野市立安茂里（あもり）小学校，東長野病院，長野県若槻養護学校，長野市立信里（のぶさと）小学校子どもプラザ，喬木（たかぎ）村教育委員会，子ども学遊館，長野県立歴史館，小諸文化センター，長野市ビッグハット，佐久創造館，駒場公園，伊那文化会館，春日公園，岡谷市総合体育館，岡谷市イルフプラザ，山形村立山形小学校，何でも手作り吉澤学校，他

4．信州大学長の激励 〜一歩進んだ社会貢献，高い成果〜

　本事業との出会いは，土井教授が学長室でこれを熱く語ってくださった時でした。当時，大学の使命が問い直され，個性的な教育研究とともに，一歩進んだ社会貢献が強く求められていた背景もあり，その取り組みに格別なる思いで拍手を送ったものでした。

　周知のように，その確かな成果は当時の文部省はもとより，社会から高く評価され，信州大学の名声を一段と高めてくれました。また，本事業のもとで数多くの有為な人材が輩出されるとともに，その貴重な知的資源が教育現場などで有効活用されつつあることは，まことにご同慶の至りであります。

【小宮山淳（小児科学）　第12代信州大学長】

5．「有識者の卓見」「信州大学長・教育学部長の激励」の引用文献

　本書には「YOU遊」の本質を的確に把握してくださった有識者の皆様，信州大学長，

教育学部長の先生方の玉稿を引用させていただきました。これらの引用文献は，以下の「報告書」２冊と「YOU遊」の第一次資料である20冊の「実践記録」です。再録に心から御礼申し上げます。

　各論考の末尾に記したお名前，肩書きの多くはご執筆当時のものです。あらかじめご了承ください。

［報告書］
1．『「信大YOU遊」18年の教師教育学研究』信州大学教育学部，平成24年２月，全175頁．
2．『「信大YOU遊」地域・子どもたちと共に歩んだ20年』平成25年８月，信州大学教育学部，全95頁．

［実践記録］
1．（第１集）『平成６年度「信大YOU遊サタデー」の実践─体験的学習の指導による実践的力量の形成─』信州大学教育学部附属教育実践研究指導センター，平成７年３月，全114頁．
2．（第２集）『平成７年度　第２期「信大YOU遊サタデー」の実践─体験的学習の指導による実践的力量の形成─』同上，平成８年３月，全248頁．
3．（第３集）『平成８年度　第３期「信大YOU遊サタデー」の実践─体験的学習の指導による実践的力量の形成─』同上，平成９年３月，全272頁．
4．（第４集）『平成９年度　第４期「信大YOU遊サタデー」の実践─体験的学習の指導による実践的力量の形成─』同上，平成10年３月，全258頁．
5．（第５集）『平成10年度　第５期「信大YOU遊サタデー」の実践─体験的学習の指導による実践的力量の形成─』同上，平成11年３月，全191頁．
6．（第６集）『平成11年度　第６期「信大YOU遊サタデー」の実践─体験的学習の指導による実践的力量の形成─』同上，平成12年３月，全200頁．
7．（第７集）『平成12年度　第７期「信大YOU遊サタデー」の実践─体験的学習の指導による実践的力量の形成─』同上，平成13年３月，全176頁．

8．（第8集）『平成13年度　第1期「信大YOU遊広場」の実践―臨床の知を求めて―』信州大学教育学部, 平成14年3月, 全222頁.

9．（第9集）『平成14年度　第2期「信大YOU遊広場」の実践―臨床の知を求めて―』同上, 平成15年3月, 全242頁.

10．（第10集）『平成15年度　信州大学における「地域貢献」の教員養成―第1期「信大YOU遊世間」の実践―』同上, 平成16年3月, 全235頁.

11．（第11集）『平成16年度　信州大学における「地域貢献」の教員養成―第2期「信大YOU遊世間」の実践―』同上, 平成17年3月, 全236頁.

12．（第12集）『平成17年度「信大YOU遊世間」の教師教育学研究―地域貢献の「体験」に観る「臨床の知」の省察―』同上, 平成18年3月, 全150頁.

13．（第13集）『平成18年度「信大YOU遊世間」の教師教育学研究―地域貢献の「体験」に観る「臨床の知」の省察―』同上, 平成19年3月, 全110頁.

14．（第14集）『平成19年度「信大YOU遊世間」の教師教育学研究―地域貢献の「体験」に観る「臨床の知」の省察―』同上, 平成20年3月, 全102頁.

15．（第15集）『平成20年度「信大YOU遊世間」の教師教育学研究―「教職実践演習」への志向―』同上, 平成21年3月, 全127頁.

16．（第16集）『平成21年度「信大YOU遊世間」の教師教育学研究』同上, 平成22年3月, 全111頁.

17．（第17集）『平成22年度「信大YOU遊世間」の教師教育学研究』同上, 平成23年3月, 全99頁.

18．（第18集）『平成23年度「信大YOU遊世間」の教師教育学研究』同上, 平成24年2月, 全120頁.

19．（第19集）『平成24年度「信大YOU遊未来」の教師教育学研究』同上, 平成25年2月, 全102頁.

20．（第20集）『平成25年度「信大YOU遊未来」の教師教育学研究』同上, 平成26年3月, 全96頁.

6．信州教育の精神 〜「信州教育」と呼ばれる源流を築いた筑摩県権令〜[*1]

永山盛輝(もりてる)（1826-1902）は，鹿児島藩士の子として生まれ，明治3年，大蔵省に勤め，明治6年，筑摩県権令(ごんれい)と（今の県知事）なりました。

明治5年に発布された「学制」は，従来の寺子屋に代わって全国に近代的な小学校を作り，殖産興業の人的基盤としようとする政策でした。しかし，この政策を実現するには，財政面と民衆の意識の面において，大きな壁がありました。そこで政府は，就学の奨励に絶大な力を注ぎました。

元大蔵官僚から信州の権令となった永山は，寝食を忘れて教育の普及徹底に努力した典型的な人物です。明治6年3月から翌明治7年6月まで，筑摩県の伊那・諏訪両郡にわたって回村し，230余校を60余日にわたって視察しました。この効果は実に大きなものがあり，その後の信州教育の興隆をもたらした有力な要因になったといわれます。

永山は村民に対して，次のように説いて，人間は教育によって立身出世ができることを強調しました。

「去年ノ蒼生(そうせい)ハ，今日ノ参議。昨日ノ傭夫(ようふ)ハ今日ノ大輔(たいふ)トナル。是則方今御趣意ノ濺(そそぐ)トコロナレバ，現ニ有リ難キコトナラスヤ」（『説諭要略』）

永山は大蔵官僚の出身であったため，中央の情勢にも明るく，このような寝食を忘れた努力の結果，筑摩県の明治7年の就学率は，全国が32パーセントであったのに対して，72パーセントの高さを示すに至りました。ここに信州教育と呼ばれる源流が築かれたといえましょう。永山の信条は，「人材教育は政治の大本であり，民生殖産の源泉である」（同上）でした。

7．教育学部長の激励 〜地域，連携団体の皆様に感謝〜

「信大YOU遊」は，「子ども」と「地域」をキーワードにしたいくつものプラザが，

年間を通して学生の主体的な参画のもとで展開されていることが最大の特徴です。学校教員を目指す本学部の学生にとって，「信大YOU遊」の企画・運営を通じた地域の方々との交流，そして子どもたちとの直接的な触れ合いは，教員としての実践的指導力の基礎を養う貴重な経験となっているはずです。学生の皆さんには，その大きな学びと成果を今後の社会生活にぜひ役立てていただきたいと願っています。

「信大YOU遊」にご協力いただいている関係者の皆様に，心から感謝申し上げます。
【平野吉直（野外教育）　信州大学理事・副学長・教育学部長】

註
＊1　唐澤富太郎編著『図説　教育人物事典』下巻, ぎょうせい, 1984年.

目　次

はじめに　2
　1．本書の目的／2
　2．学生の願いは地域の子どもたちとのふれあい／2
　3．「信大YOU遊」の学生が20年間お世話になった地域社会への御礼／3
　4．信州大学長の激励　〜一歩進んだ社会貢献，高い成果〜／4
　5．「有識者の卓見」「信州大学長・教育学部長の激励」の引用文献／4
　6．信州教育の精神　〜「信州教育」と呼ばれる源流を築いた筑摩県権令〜／7
　7．教育学部長の激励　〜地域，連携団体の皆様に感謝〜／7

第Ⅰ部　「YOU遊」の原点

　1．いざ！碓氷峠を越えて「信州教育」の地へ／18
　2．「こんな授業，必修でなければ出たくありません」／18
　3．教員養成カリキュラムへの「不満」がエネルギー源／19
　4．「YOU遊」の責任体制／20
　5．教育学部長の激励　〜思う存分やってください〜／21
　6．有識者の卓見　〜「YOU遊」20年の教育史的意義〜／21

第Ⅱ部　「YOU遊」20年の実践を貫く信州教育の精神

1年目　平成6年度　第1期「信大YOU遊サタデー」の実践

　1．「先生」ではなく「お兄さん，お姉さん」として／24
　2．平成6年6月6日からのスタート／24
　3．「YOU遊サタデー」と命名した英語科3年生／25
　4．有識者の卓見　〜「YOU遊」という言葉の意味〜／26
　5．学生の実践は未熟であるが故に真剣さと情熱があふれている／27
　6．教育学部長の激励　〜この実践活動は本物だ！〜／27

2年目　平成7年度　第2期「信大YOU遊サタデー」の実践

　1．学生の主体性・自発性に立脚した実践／29
　2．子どもの名前を一人ひとり覚える／29
　3．「0災害言語」による無事故の徹底／30
　4．「教育県長野」の風土で地域・子どもたちと歩んだ20年／30
　5．教育学部長の激励　〜学生の実践記録を後に遺す意義〜／31

6．小川秋實学長の「YOU遊」参観／32
　7．講座の企画書「遊学プラン」の作成と指導教員のアドバイス／32

3年目　平成8年度　第3期「信大YOU遊サタデー」の実践
　1．「出張YOU遊サタデー」のメリットとデメリット／34
　2．信州教育の精神 ～県歌「信濃の国」に謳われた象山佐久間先生～／35
　3．信州大学長の激励 ～素晴らしい学生の組織的な活動～／36
　4．信州大学教育学部に入学した学生たちの志／36
　5．「YOU遊」の理論構築の場は水曜日の昼休み時間／37
　6．有識者の卓見 ～教師教育改革は教育改革の中心～／37
　7．女性実行委員長による全員参加型の運営／38

4年目　平成9年度　第4期「信大YOU遊サタデー」の実践
　1．「こんにゃく作り」が教材研究の原点／39
　2．国立信州高遠少年自然の家での「出張YOU遊サタデー」／39
　3．信州教育の精神 ～高遠藩藩校「進徳館」に学んだ伊沢修二～／40
　4．小諸文化センターでの「出張YOU遊サタデー」／41
　5．信州教育の精神 ～小諸義塾の教育実践者・島崎藤村～／41
　6．「YOU遊」学生が長野冬季オリンピック・ボランティアとして貢献／42
　7．文部省「フレンドシップ事業」始まる／42

5年目　平成10年度　第5期「信大YOU遊サタデー」の実践
　1．「青少年のための科学の祭典」の事務局を担当した「YOU遊」の学生／44
　2．長野県警察本部「武徳殿」で始まった「早朝自主研修会」／44
　3．有識者の卓見 ～あるべき教師像と「YOU遊」の信念の拠り所～／45
　4．筆者の教育実践の淵源となっている大乗菩薩道の精神／46
　5．信州教育の精神 ～「信州教育」に精神性・哲学性をもたらした人物～／46
　6．信州教育の精神 ～物となって考え，物となって行う～／47
　7．「教育」というものが無い教育学部／48

6年目　平成11年度　第6期「信大YOU遊サタデー」の実践
　1．学生の集いから生まれる偉力／49
　2．一人を大切にする熱意によって，学生は自分を強くする／50
　3．濡れた藁の中に入れられた微々たる炭火／50
　4．「YOU遊」の受付係の大事な役目は「笑顔」／51
　5．有識者の卓見 ～「信大YOU遊」は「信州教育」の伝統を継ぐもの～／51
　6．「YOU遊」の駐車場係の役目は，大学正門でお迎えし，お見送りする／52
　7．「YOU遊」において先輩から後輩へと一貫して受け継がれたこと／52

8．有識者の卓見 〜教師への確かな決意を目指す「信大YOU遊」〜／53

7年目　平成12年度　第7期「信大YOU遊サタデー」の実践
　　1．「信大YOU遊サタデー」から「信大YOU遊広場」へ／54
　　2．第20回「YOU遊」は松本キャンパスで開催／54
　　3．平成12年11月11日開催の第21回「YOU遊」で閉幕宣言／55
　　4．「YOU遊サタデー」を「YOU遊広場」に転換した契機／56
　　5．「信大牟礼ふるさと農場」での4年間（平成12年度〜15年度）／57
　　6．有識者の卓見 〜農業を教育の場と捉えるもう一つの可能性〜／57

8年目　平成13年度　第1期「信大YOU遊広場」の実践
　　1．「信大YOU遊広場」の活動拠点として「竹」の部屋を整備／59
　　2．信州教育の精神 〜杉崎瑢・淀川茂重による「研究学級」の実践〜／60
　　3．「YOU遊サタデー」と「YOU遊広場」の違い／60
　　4．「YOU遊」の根本精神は「主体性」「自発性」／61
　　5．「人間力」の源は「ずく（尽）」の発揮／62
　　6．有識者の卓見 〜「YOU遊」は教師力の基底としての「人間力」に注目〜／62

9年目　平成14年度　第2期「信大YOU遊広場」の実践
　　1．「YOU遊広場」を運営して分かった問題点／64
　　2．「YOU遊広場」から「YOU遊世間」への脱皮／64
　　3．地域社会と連携した「YOU遊世間」の活動場所／65
　　4．「YOU遊」9年目にして初めて生まれた「学術論文」と日中交流／67

10年目　平成15年度　第1期「信大YOU遊世間」の実践
　　1．「YOU遊」が10年かけて築き上げてきたものは「友情」／69
　　2．学生の学生による学生への感謝／70
　　3．新聞記事「教員就職率　信大1位　69.87％」／71
　　4．「YOU遊」は学生による社会教育実践／72
　　5．有識者の卓見 〜「信大茂菅ふるさと農場」の社会教育的意義〜／72

11年目　平成16年度　第2期「信大YOU遊世間」の実践
　　1．信州大学が国立大学から国立大学法人へ／74
　　2．「YOU遊」が目指す学生の資質能力は社会人基礎力と共通／74
　　3．教育学部長の激励 〜学生は社会人基礎力の必要性を感じている〜／75
　　4．「YOU遊」の活動拠点の変遷／76
　　5．有識者の卓見 〜教員の人間力もまた試されるフレンドシップ事業〜／76
　　6．有識者の卓見 〜麻績村での9年間に及ぶ「YOU遊」の地域貢献〜／77

12年目　平成17年度　第3期「信大YOU遊世間」の実践
1. 12年目の「YOU遊」運営委員会の発足／79
2. 教育学部長の激励　～反省的実践家を育む「YOU遊」～／79
3. 学生シンポジウム「子どもに対しての叱り方・ほめかた」／80
4. 塩野入靖夫先生の講演／81
5. 友の心にいつまでも残る歌を／82

13年目　平成18年度　第4期「信大YOU遊世間」の実践
1. 学生の顔が柔らかくなった／84
2. 「信州すざか農業小学校豊丘校」との連携／85
3. 有識者の卓見　～「今，伝えたい事」～／85
4. 有識者の卓見　～地域に根ざし地域に学ぶ土着思想，感性と知性の獲得～／86
5. 教育学部長の激励　～実践的指導力と学問的素養を学ぶ～／86
6. 信州教育の精神　～高野辰之作詞の国民的愛唱歌「ふるさと」～／87
7. 13年目の「YOU遊」の無事終了に感謝／88

14年目　平成19年度　第5期「信大YOU遊世間」の実践
1. 「YOU遊」の企画は「運営委員会」と「全体会」で練り上げる／89
2. 門脇厚司著『子どもの社会力』から見た「YOU遊」の意義／89
3. 有識者の卓見　～「YOU遊」のかたちと内容の変化のユニークさ～／90
4. 「YOU遊」は「善き友」とのふれあいの場／90
5. 有識者の卓見　～学生が自らを問い深め，高める貴重な教育実践の場～／91
6. 信州教育の精神　～修身教材の開発に教師生命を捧げた川井清一郎～／92

15年目　平成20年度　第6期「信大YOU遊世間」の実践
1. 15年目の「YOU遊」の目標／94
2. 「信大NOW」54号の特集記事に「信大YOU遊世間」が掲載／95
3. 有識者の卓見　～人間は，遊ぶときにのみ，完全な人間なのです～／96
4. 「プレーパーク」で身に付けた「楽しく生きる力」／97
5. 第9回「全国フレンドシップ活動in信州」の3会場での開催／97
6. 有識者の卓見　～青木村の土着性は，正義と反骨心～／98

16年目　平成21年度　第7期「信大YOU遊世間」の実践
1. 「信州大学功労賞」の受賞／99
2. 「YOU遊」の運営委員長に立候補した学生の願い／100
3. 創立60周年記念事業，第8回「信大YOU遊フェスティバル」／100
4. 「信大茂菅ふるさと農場」10周年記念祝賀会／101

5．有識者の卓見 〜「信大茂菅ふるさと農場」10周年に思う〜／101
　　6．「信大茂菅ふるさと農場」の名前の由来／102
　　7．学生が運営する「信大茂菅ふるさと農場」の活動内容／102

17年目　平成22年度　第8期「信大YOU遊世間」の実践
　　1．経済産業省の「社会人基礎力」に通ずる「YOU遊」の目標／104
　　2．長野県農業協同組合中央会より「にじの懸け橋賞」を受賞／104
　　3．子どもたちの笑顔が教師を目指す私に元気とやる気，自信を与えた／105
　　4．「YOU遊フェスティバル」の会場づくりは掃除・雑巾がけから／106
　　5．信州教育の精神 〜清掃活動の時間を人間形成の場として蘇生〜／106
　　6．有識者の卓見 〜学生に不足している自然体験や社会体験に着目〜／107

18年目　平成23年度　第9期「信大YOU遊世間」の実践
　　1．「YOU遊」の実践が信州大学の学内版GP（Good Practice）に採択／109
　　2．小・中学生12名が合宿の目標を定めた「大岡わらわら通学合宿」／109
　　3．有識者の卓見 〜よい縁のつながりを僻地一級の大岡の地で〜／110
　　4．村長さん，教育長さんに見守られ，麻績村CAMPが実現／111
　　5．総勢800名を超える過去最大の第10回「YOU遊フェスティバル」／111
　　6．有識者の卓見 〜信州教育は不滅である〜／112
　　7．信州大学長の激励 〜実り多い活動の場となるよう願う〜／113

19年目　平成24年度　第1期「信大YOU遊未来」の実践
　　1．19年目の「信大YOU遊未来」のネーミングの由来／114
　　2．「未来」のために「今」の機会（chance）を開拓する／115
　　3．高大連携による高校生の大学生からの学び／115
　　4．高校側担当教員が見た「YOU遊」の学生の熱い情熱と教員の資質／116
　　5．信州教育の精神 〜「信州教育」の名声を全国に広め，泰斗にした〜／116
　　6．有識者の卓見 〜「YOU遊」の活動を共にした保護者同士の横の連帯〜／117

20年目　平成25年度　第2期「信大YOU遊未来」の実践
　　1．日本経済新聞社の地域貢献度ランキング全国4年制大学の第1位／119
　　2．信州大学長の激励 〜教育県長野の名にふさわしい成果〜／119
　　3．信州教育の精神 〜「下卑た教師にならないために」〜／120
　　4．旧「大岡村」での伝統的な食文化の体験，大岡小学校との連携／121
　　5．有識者の卓見 〜学生の皆さんとの出会いは貴重な体験〜／122
　　6．ホテル信濃路での「YOU遊」20周年記念シンポジウム／122

第Ⅲ部　「YOU遊」を実践した学生たちの「学び」

A．こども理解
1. 有識者の卓見 〜「YOU遊」は「まなびほぐし」の体験〜／126
2. 障害をもった子どもと心からふれあえる自分に成長したい／126
3. 「放課後子どもプラザ信里」の純粋な子どもたちとのふれあい／127
4. 「YOU遊」で学んだ「0災害言語」／127
5. 子どもたちから多くのことを教えられた／128
6. 有識者の卓見 〜教養審で取り上げられた「信大YOU遊サタデー」〜／128
7. 「プレーパーク」での経験から学んだこと／129
8. 自分自身を見つめ直す時間となった「YOU遊」／129

B．教育的愛情
1. 信州教育の精神 〜教育的愛情と負けじ魂を詠んだ小林一茶〜／131
2. 子どもたちの笑顔のために／131
3. 学生は何を求めて青木村に通うのか／132
4. 教師としての姿勢の基本を学ぶ／134
5. 信州教育の精神 〜県歌「信濃の国」に詠まれた信州教育の精神〜／134

C．使命感
1. 子どもの成長のために尽くす／136
2. 信州教育の精神 〜一介の青年教師・林芋村の使命感〜／136
3. 「信大YOU遊興譲館」で不登校の中学生とふれあった学生の学び／137
4. 生協の生ごみを一輪車で運搬する土井進先生の後ろ姿／139
5. 教員採用試験に受かるためでなく，良い教師になるために「武徳殿」へ／139
6. 有識者の卓見 〜労を惜しまない真摯な学生さんの姿〜／140

D．「遊び」「学び」の教材開発
1. ものづくり講座／141
2. 工作講座／141
3. 学び講座／142
4. 食べ物づくり講座／142
5. 科学実験講座／142
6. 運動講座／143
7. 表現活動講座／143
8. 農作業体験講座／144
9. 有識者の卓見 〜企画内容の質をどう高めるか〜／144
10. 「YOU遊」でのお兄さん・お姉さんから教育実習での先生への変容／144

E．友情
1．卒業生13名が「しなのき会館」で宿泊／146
2．仲間と一緒にがんばり，共に流した涙は一生の宝／146
3．人と協力するのが下手だった私を変えてくれた「YOU遊」と仲間／148
4．支え合いの大切さ／148
5．「お願いします」という一言がいえる人間になりたい／149
6．「YOU遊」を通して学んだこと，それは教師としての在り方／149

F．人と人との絆
1．自信をすべて失った私に息を吹き込んでくれた「YOU遊広場」／151
2．協力してもらうことの大切さ／151
3．「YOU遊」で得た私の財産は，「ご縁」／152
4．「YOU遊広場」で初めて実現した「里山ふれあいキャンプ」／153
5．汗を流して覚えたものは一生忘れない／154

おわりに　156

事項別索引／157
　　信州教育の精神
　　有識者の卓見
　　信州大学長・教育学部長の激励
　　卒業生の寄稿文
参考文献／160
著者紹介／161

第Ⅰ部
「YOU遊」の原点

「YOU遊」の原点

1．いざ！碓氷峠を越えて「信州教育」の地へ

　平成4年3月，筆者は川越から碓氷峠を上って信州に向かいました。すると，右手に浅間山の雄姿が目に入りました。「おお，ここが信州か」と思うと，緊張感が全身に漲（みなぎ）りました。「信州教育」の伝統のある地で，教員養成を担う使命を授けられたことに重大な責任を自覚しました。安易な腰掛的な気持ちでは，到底この大任は務まらないと腹をくくり，本籍も住所もともに長野市に移し，名実ともに長野県民の一人となりました。

　前任のお茶の水女子大学附属中学校教諭，同文教育学部非常勤講師（社会科教育法）から信州大学助教授として教育学部附属教育実践研究指導センターに赴任するに当たって，お茶の水女子大学教授から励ましを受けました。

　「あなたはお茶の水にいるより，『信州教育』の地で本気で教師になろうと志して，全国から集まっている学生たちの教員養成に携わることに意義がある。『信州教育』という伝統があるから仕事は大変だと思うが，あなたは『実践』で来ている人だから，『理論』の人には負けません。じっと聞いていなさい」と。

　この言葉に背中を押されて，信州大学での教育実践活動が始まりました。

2．「こんな授業，必修でなければ出たくありません」

　中学校教育現場から大学教員として着任した筆者に与えられた仕事は，「教育実習事前事後指導」という1単位の教職科目でした。信州大学で平成5年度に初めて開設された3年次生全員を対象とする必修科目でした。325名が休業土曜日に大教室に集まりました。不安を抱えながらも大学での最初の授業を終えました。

授業が終わるや否や，教卓の周りに10人ほどの学生が詰め寄り，筆者に厳しく抗議しました。

「こんな授業，必修でなければ出たくありません。この授業はいかに教育実習をうまくやるかのノウハウを教え込むためのものですか？もっとしっかりした内容のある授業を充実させてくれ。今までの『教育法』などは一体何の役に立つんだ。矛盾だらけだぞ！」

この痛烈な学生の抗議は，筆者の胸に突き刺さり，寝ても覚めても離れませんでした。さながら「信州教育」の厳しい一撃を受けたかのような思いがしました。どんなに辛くとも，この学生たちの声に真摯に応えていく以外に授業改善の道はないと覚悟して，抗議した学生一人ひとりに新設科目の趣旨を手紙に書きました。一人また一人と手紙を書いていくうちに，とうとう325名全員に手紙を渡すことになりました。こうして学生一人ひとりと対話する中で，学生たちが教員養成カリキュラムに対して大きな「不満」と「不安」を抱えていることを感じ取ることができました。

学生たちの不満は，3年間の教員養成カリキュラムを受講してきたけれども，教育実習を受けるまでは子どもたちとふれあう授業が全くなかったことです。自分は教育学部に入学したはずなのに，教育学部らしさが全く感じられない。もっと教育学部らしい子どもたちとふれあうことができるカリキュラムを用意してほしいというのが，学生たちの大きな「不満」でした。

また，3年次に6週間の教育実習が終わってから4年次に子どもたちとふれあう授業は皆無で，このまま学校教育現場に赴任するのでは，とても「不安」であるという声が聞こえてきました。

3．教員養成カリキュラムへの「不満」がエネルギー源

このような「不満」と「不安」を抱えている学生たちに，どうすれば希望と現

状を打破する勇気を与えることができるのか。そして，学生が願っている子どもたちとのふれあいを実現するにはどうすればよいのか，について熟考しました。このような難問を前にして，筆者を勇気づけてくれたことは，14年間中学校教員として，荒波に耐えてきた経験でした。学生と共に始める新しい事業も必ずやり抜いてみせると深く決意しました。

○学生の「不満」解消への３つの提案 ～子どもたちと大学キャンパスで公開授業～
①学生時代でなければできないユニークなアイデアによる"学び"や"遊び"の体験的学習の場を設定し，学校週五日制時代の教育に貢献する。（大学開放）
②教育学部には，幼小中高，特別支援学校の児童生徒に対応できる学生が学んでいる。その力量，持ち味を発揮し，子どもたちを大学キャンパスに迎えて公開授業を行うことによって，教育の実践力を身に付ける。（実践的指導力）
③教育学部の学生が持っている教育力を地域社会に開き，貢献することによって教育学部と地域社会とのつながりを深める。（地域貢献）

この提案に対して，325名中36名の応募がありました。これを聞いた４年生や大学院生も加わり，約50名で初会合を開き，４年生の山口直行君（数学）が，実行委員長を買って出ました。こうして平成６年６月６日に「信大YOU遊サタデー」実行委員会が発足しました。「YOU遊サタデー」のネーミングは，英語科３年の渡辺一博君の発案でした。

４．「YOU遊」の責任体制

教育学部に子どもたちを迎えて，学生が教育活動を行うことには，当然責任問題が生じてきます。機関としての責任は，実施母体である附属教育実践研究指導センター長（漆戸邦夫教授）が背負い，この企画全体の責任は，実践センター専

任教員（土井進助教授）が負うという覚悟を披歴したことで，実践センター運営委員会の了承が得られました。

5．教育学部長の激励 〜思う存分やってください〜

　平成5年4月から平成9年4月まで学部長職に在り，その発足当初から「信大YOU遊サタデー」に関わってきました。こんな活動をしてみたいが，という土井助教授の話に，それは大変面白い試みで教員養成学部のカリキュラム改革の契機となりうるので，学部として全面的にバックアップするから思う存分やってほしい旨の話をしたことが，つい昨日のことのように甦ってきます。
　【小林輝行（教育学）　教育学部長・信州大学名誉教授・松本大学教授】

6．有識者の卓見 〜「YOU遊」20年の教育史的意義〜

　平成25年の現在，教員養成関係者の間では，平成6年にスタートした「信大YOU遊サタデー」のその後に広く関心が集まっている。なぜならば教師の実践的指導力の養成に取り組む各大学は，それぞれの教員養成カリキュラムの充実に力を入れる中で，信大方式はいわゆる「臨床経験科目」などの単位制システムとは別に，「やりたい人が，やりたい時に，好きなようにやる」という自由度の高い学生主体の望ましい教育実践活動だからである。
　出発当初は，果たして何時まで続くのだろうかと期待と不安から関心を寄せていたが，なんと「サタデー」から「広場（プラザ）」「世間（ワールド）」「未来（チャンス）」と出世魚のように名称をかえ，内容を豊かなものに高めながらスパイラルな発展を遂げて20年目を迎えた。
　この信州大発の一種の教育運動が契機となって，平成9年度から文部省が「教員養成学部フレンドシップ事業」として政策化し，チャレンジする大学が増えた

ことはよく知られている。しかし，それが国立大学法人化で後退する中で「信大YOU遊未来」のみがよくその初志を生かしながら，充実した活動を展開している。これは戦後教育史の中でも21世紀的な教師教育の一つの在り方として高く評価されるべきであろう。

【加藤章（日本近世史）　上越教育大学長・上越教育大学名誉教授・盛岡大学顧問】

第Ⅱ部

「YOU遊」20年の実践を貫く信州教育の精神

1年目
平成6年度
第1期「信大YOU遊サタデー」の実践

1．「先生」ではなく「お兄さん，お姉さん」として

　平成6年6月6日に「信大YOU遊サタデー」実行委員会が発足しました。この企画では子どもを直接指導する学生を「キャプテン」と呼び，「キャプテン」を助ける学生を「スタッフ」と呼ぶことにしました。教育実習における「教師と生徒」という関係をこの企画に持ち込みたくないと，学生たちは考えたのです。学生の特性を十分に発揮して，「お兄さん，お姉さん」という立場で子どもたちと関わり，子どもたちの素顔にふれながら，生きた教育実践を展開したいと考えたのです。

2．平成6年6月6日からのスタート

　当時，第3学年次に附属小中学校で行われた6週間の教育実習は充実していました。指導案や教材作りに必死になって取り組み，子どもたちと共に授業を創り上げたあの喜びや感動は一生忘れはしないでしょう。一方，教育現場に目を向けてみると課題が山積していました。いじめ問題が頻繁に報道され，長野県では不登校者数が全国で上位に，高校では中途退学者が減らない状態でした。
　そうしたなか，学校は週五日制時代を迎えました。休みになる土曜日に子ども

たちを受け入れる場を必要としていました。そして，この課題を解決していくためには確かな実践的指導力を身に付けていく必要がありました。

　教育学部で学ぶ4年間（120週）での教育実践の場は，6週間の教育実習だけです。これでは実践的指導力を高めるレベルには達しません。教育実践の場を学生の手で創ろう。それが地域社会への貢献につながればと願って始まったのが，「信大YOU遊サタデー」です。

　平成6年6月6日に第1回目の実行委員会を立ち上げました。「6」並びの「無」からのスタート。どれだけ講座を開いたらいいか。学生スタッフは何人必要か。子どもたちは集まるか。安全面への配慮は……。不安はありましたが，何もないところから新たな場を創り出す喜びを感じながら活動を進めました。そして，いよいよ当日。私の講座「けん玉で遊ぼう」には2名の子どもが来てくれました。

【山口直行　第1期実行委員長（現在長野市立大岡中学校校長）】
信州大学教育学部同窓会　第26回通常総会での記念講演，平成25年8月11日，ホテル信濃路

3．「YOU遊サタデー」と命名した英語科3年生

　平成6年のある日，土井教官から，「地域の子どもたちをキャンパスに集めて教育実践講座的な活動をしてみないか」と声をかけていただきました。教育実習を経て，子どもたちとの交流を渇望している学生，座学だけでなくもっと実践的な学びを求めている学生は，当時から相当数いたと思います。そのような学生たちにとって，土井教官のお話は希望の光でした。

　この教育実践講座のネーミングを考える会議の中で，私は，「キミ（子どもたち一人ひとり）が主役になって，楽しく遊び気分で学べる土曜日のひと時」という意味で，「YOU遊サタデー」という名称を提案させていただきました。「ゆうゆう」の響きのよさや分かりやすさが評価されたのかと思いますが，正式に採用となり

ました。

　この「YOU遊サタデー」という名称の裏には，私たち学生の決意のようなものがありました。「YOU遊」を実現するために，我々学生側は何をしなくてはならないかを真剣に考えました。一つ目は「安全性の確保」です。期待いっぱいで会場にやって来た子どもたちに絶対にけがをさせるわけにはいきません。二つ目は「指導案の練り上げ」です。子どもたちの「楽しい」や「達成感」を保障するために，学生同士で指導案を見合って，助言し合い，よりよい計画を作り上げることが必要だと考えたのです。きっとこの二つの視点は，「YOU遊」という名称とともに後輩たちにも受け継がれていったものと確信しています。

　時代やニーズに合わせ，20年にわたり様々な変遷・進化を遂げてきた「YOU遊」ですが，ただ一つ変わらないものがあったとすれば，それは「もっと子どもたちと共に学びたい・遊びたい」と願う学生たちの「YOU遊」にかける「熱意」だと思います。

【渡辺一博　第1期実行委員・第2期実行委員長（現在松本市立丸ノ内中学校教諭・3学年主任）】

4．有識者の卓見 〜「YOU遊」という言葉の意味〜

　私は，「信大YOU遊サタデー」の創設当初から関心を持ち，その活動成果に期待をかけていた。「YOU遊」という言葉の意味について考え，その名のごとく，活動力を育むものであると直感した。つまり，「YOU」は，学習主体者の自分を含めた「あなたたち」「君たち」「仲間たち」という意味で，そして，「遊」は，楽しく，のびのびと，個性豊かな創造的活動を期待したものであろう，と考えたのである。

　活動に参加された学生は，自ら問題意識を持ち，子どもたちの楽しい，のびのびと個性豊かな創造的活動のできる実践プログラムをめざし，衆智を集めて作成

した。「YOU遊」は，子どもたち，保護者，地域の方たち，他大学生などと共通意識で活動に取り組む学社融合システムである。

【佐島群巳（社会科教育学，環境教育） 東京学芸大学名誉教授】

5．学生の実践は未熟であるが故に真剣さと情熱があふれている

　いうまでもなく学校の主人公は児童・生徒であり，大学の主人公は学生です。学生は時代の最先端を呼吸し，将来に想いを馳せながら鋭く問い，学び，そして自らの悩みと格闘しています。その心をいかにつかみ，どのように関わって，未来を切り開いていくか。この一点に，私たちは心を砕いていかなければなりません。「もっと子どもたちと関わりたかった」という学生たちの声が，一つの形となったのがこの「YOU遊」です。

　学生たちの実践に未熟さが伴うのはむしろ当然です。否，未熟さの故に真剣さと情熱があふれています。学生たちが実践を通して省察した文章の行間からは，教育に立ち向かう深い志が珠玉の輝きを放っているように感じられます。「講座」を担当する「キャプテン」と「スタッフ」は，初対面で，しかも学年がまちまちな子どもたちを，わずかな時間のうちに掌握し，飽きさせないように一人ひとりに対応しながら，今日は来てよかったと喜んでもらえる「講座」になるように，獅子奮迅の努力を惜しみませんでした。

　子どもたちの喜びを我が悦びとするために全力投球している学生たちの輝いた姿によって，教育学部キャンパスは蘇生したように感じられました。

6．教育学部長の激励　〜この実践活動は本物だ！〜

　平成5年度から4年間，当時の附属教育実践研究指導センターに縁があり，セ

ンター長としてお世話になりました。その時幸運にも「もっと子どもたちとふれあえる機会がほしい」という教育実習を終えた学生の純粋な願いが，「YOUサタ」として産声をあげた歴史的瞬間に立ち会うことができました。その日のうちに行われた反省会では，「講座の準備は苦労したけれども，子どもたちの笑顔に疲れも吹き飛んだ」「子どもたちとふれあう中で逆に教えてもらうことも多かった」「初めて顔を合わせた学生同士が講座の準備に悪戦苦闘するうちに，仲間意識も高まり支え合う大切さを学んだ」など，喜びや感謝の言葉を述べる学生に深く感動しました。

　学生が自主的・主体的に参加し，企画し，教材を開発し，子どもたちと講座でふれあうこの実践活動は，本物だ！と，その時感じました。

　【漆戸邦夫（有機化学）　元附属教育実践研究指導センター長・教育学部長・信州大学名誉教授】

2年目
平成7年度
第2期「信大YOU遊サタデー」の実践

1．学生の主体性・自発性に立脚した実践

　「YOU遊」は，教育の道に志を立てて信州大学教育学部に入学した学生たちの人生選択にも応え得る貴重な教育実践の場となっています。「YOU遊」を担っている学生たちは，授業科目化，単位化を望んでいません。彼らは自らの主体性・自発性に基づいて実践するところに，自らの力量形成が図られることを実感しているのです。そのように取り組むことによって初めて，「YOU遊」の趣旨が実現されると考えているのです。このような尊い志を抱いた学生たちによって，平成7年1月10日に，第2期「信大YOU遊サタデー」実行委員会が発足しました。

2．子どもの名前を一人ひとり覚える

　子どもたちから「また来たい」と言ってもらえる楽しい「講座」が実現する基本は，キャプテン・スタッフが，参加する子どもたち一人ひとりの名前を覚えることから始まります。学生たちは，受付名簿への名前の記入，名札の作成，傷害保険料・教材費等の領収書への名前の記入，そして，修了証への毛筆による名前の記入等の実務作業に丁寧に取り組みます。
　また学生は，「YOU遊」は子どもたちが参加してくれて初めて成立するという

厳粛な事実に思いを馳せ，大学の正門に立って笑顔で子どもたちを迎え，閉会式が終わると正門で子どもたちを見送ります。

3．「0災害言語」による無事故の徹底

　参加した子どもたち同士も初対面であり，学生ももちろん子どもたちとは初対面です。この出会いを喜びの場として創造していくためには，言葉がけが重要になってきます。不安な気持ちでいる子どもたちに，安心を与える明瞭で魅力のある言葉がけが大事です。そのような魅力的な言葉がけを「YOU遊」では，「0（ゼロ）災害言語」と呼んでいます。子どもの目線の高さに合わせた姿勢をとり，鋭敏な子どもたちの心に傷を残さないようにと戒めています。
　阪神淡路大震災のボランティア活動に参加した学生の提案により，「YOU遊」においても，キャプテン・スタッフの学生は全員黄色い腕章をつけることによって，子どもを預かった責任を深く自覚し，無事故を強く意識化しています。

4．「教育県長野」の風土で地域・子どもたちと歩んだ20年

　私は「YOU遊」に主に事務方のメンバーとして参加しました。ＩＴ技術の発達した現在とは異なり，当時は講座案内や参加者募集は新聞社等のマスメディアに依頼する他ありませんでした。参加者受付や参加証発送，活動後のアンケート調査実施などは往復はがき等の郵便で行いました。そのため事務作業量は膨大。大学の講義が終わると附属教育実践研究指導センターに詰め，日々夜遅くまで作業していたことを今でも覚えています。
　活動２年目で認知度も低く，長野キャンパスでこの催しが行われていることを知る方も少ない中，県内各地から「YOU遊」に参加してくれた子どもたち，送

り出された保護者の方々,「講座」開催に支援していただいた地域の方々など,「YOU遊」の活動を育み支えてくださったサポーター層の厚さは,「教育県長野」の風土あってのものと改めて感じています。

　この活動が20年も持続し活動範囲を広げ発展したことは,立ち上げ当初の様々な困難を垣間見てきた者の一人として大変な喜びです。受け継いできてくれた後輩たちの教育にかける情熱が,我々と同じベクトルを維持していることの何よりの証であると心強く思います。

　学校現場では団塊世代の大量退職を迎え,「YOU遊」初期のメンバーは中堅教員となり,学校・学年のリーダーとして全国各地で活躍していると聞いています。「YOU遊」で学び育った若い先生方,今後は信州大学で学んだ同志として現場でタッグを組み,教育実践を積み重ね,共に研鑽を積んでいきましょう。20周年は一つの通過点として,今後とも「YOU遊」が未来の教員志望学生の学びの場であり続けることを願っています。

【角田正和　第2期「YOU遊」事務局長（現在高梁市立高梁北中学校教頭）】
信州大学教育学部同窓会　第26回通常総会での記念講演,平成25年8月11日,ホテル信濃路

5．教育学部長の激励 〜学生の実践記録を後に遺す意義〜

　学生諸君の活動は,意欲的で大人がまねできない力強い側面をもっておりますが,それらについての記録が後に遺されることが少なく,折角の実績が後に続く人たちに伝わりにくいのが現状です。その点,この「YOU遊」事業に関わる学生の諸活動は,毎年きちんとまとめられて公表されていることに敬意を表します。

　活動に参加された諸君はそれぞれに大きな成長を得られますが,この記録があとに続く人たちの大きな財産となることも意識して欲しいと思います。

　「YOU遊」の事業に関わり,体験や経験を積み上げた学生諸君が,理論の必要

性を感じ体験と理論とを結び付け，より実践的指導力を高めて行かれることを切に願っております。

【赤羽貞幸（地質学）　信州大学理事・副学長・教育学部長・信州大学名誉教授】

6．小川秋實学長の「YOU遊」参観

　第7回目になる「YOU遊サタデー」は，松本の信州大学共通教育センターを会場として実施されました。これには信州大学長・小川秋實先生が参加してくださいました。小川先生は全講座を一つひとつ廻って，学生ならびに参加者を激励してくださいました。そして，開会式のご挨拶は次の通りでした。

　○信州大学長の激励　今日は，大いに遊んでください
　　みなさん，「こんにちは！」。今日，皆さんと一緒に勉強するお兄さん，お姉さん方は，この信州大学で学び，やがて学校の先生になろうとして，一生懸命勉強している方々です。そして，今日の「YOU遊サタデー」のために，一生懸命，どうやったらよいか，考えて，準備してきてくださいました。「YOU遊サタデー」というような，楽しく勉強する機会は，日本のどこでもやっていないそうですから，皆さんはとても運がいいですね。今日は，大いに遊んでください。（平成7年10月28日，松本キャンパス）

7．講座の企画書「遊学プラン」の作成と指導教員のアドバイス

　学生は講座を企画し，実践し，それを記録にまとめる労作業を経ることによって，はじめて自らの実践を真に自己のものとすることができます。キャプテンがスタッフと共に講座の企画書である「遊学プラン」を練り上げ，教材を媒介とし

て，子どもたちと関わったことによって，何が分かったのか，次の課題としてどのようなことが見えてきたのか等々について省察することは，次の新たな教育実践への踏み台になります。

　この「遊学プラン」は，学生の所属研究室の教官に見てもらい，朱書きしてもらうことによって，研究室の学生が「YOU遊」に参加していることを知っておいていただく意義がありました。しかし，学生の中には，「こういうものを先生に見せることは，恐ろしくてできません。こんな暇があったら研究をしなさいと怒鳴られます」という者もいました。このような学生には，研究室のドアの下からそっと提出しておきなさいと指示しました。

3年目
平成8年度
第3期「信大YOU遊サタデー」の実践

1．「出張YOU遊サタデー」のメリットとデメリット

　「YOU遊サタデー」は教育学部キャンパスと松本キャンパスで実施されましたが，評判が高まるにつれて長野県社会部や国立信州高遠(たかとお)少年自然の家などからの要請を受け，学生が地域に出向くようになりました。これを「出張YOU遊サタデー」と呼び，15回実施されました。「出張」には新たな環境に対応する企画力や判断力が向上するなどのメリットがあった半面，以下のようなデメリットも学生から指摘されました。[*1]

　「出張」と「YOUサタ」の最大の相違点は，参加者が不特定多数であることである。「YOUサタ」は事前に参加者を募集し，名簿を作成し，2時間同じ子どもを相手に講座を行う。しかし，「出張」では名簿を作るどころか何人参加者があるのかさえわからない。「出張」では参加者の固定を避け，露店方式で流動性をもたせようというものもあった。イベント的性格をもつ「出張」では，多くの子どもを受け入れられる体制が求められた。これは学生にとって重要な問題であった。次に時間的な問題がある。そもそも「YOUサタ」そのものが手間暇のかかる活動である。そこへさらに「出張」が重なってくると，かなり厳しいスケジュールを組まざるを得ない。学業への影響が大で，正直に言って，普段でもあまりしない筆者の勉強の量が半分に減ってしまった。授業の単位に

はならない学生の地域貢献活動が，これだけ長く続いてきたこと自体が不思議なことである。

2．信州教育の精神 〜県歌「信濃の国」に謳われた象山佐久間先生〜[*2]

（1）「東洋道徳・西洋芸術」の世界観

　佐久間象山（1811-1864）は，信州松代藩の下級武士の家に生まれました。通称修理(しゅり)，象山（しょうざん・ぞうざん）は号です。23歳のとき藩費留学生として江戸に出て，佐藤一斎に学んでいます。嘉永4（1851）年，木挽町(こびき)に西洋砲術塾を開き，入門生に吉田松陰，西村茂樹，加藤弘之，津田真道，小林虎三郎，坂本龍馬などがいます。象山は伝統的な朱子学の格物窮理(かくぶつきゅうり)という科学的研究方法の普遍性に基いて，西洋科学を理解しようとしました。そして，東洋と西洋を対立的に捉えるのではなく，一円的・相互補完的に把捉(はそく)することを提唱し，「東洋道徳・西洋芸術」という世界観を確立しました。長野県歌「信濃の国」には，「象山佐久間先生も皆この国の人にして，文武の誉(ほまれ)たぐいなく，山と聳(そび)えて世に仰ぎ，川と流れて名は尽きず」とあり，今に謳(うた)われています。

（2）門人吉田松陰の海外密航事件に連座し，松代で蟄居生活9年

　象山は，門人吉田松陰が嘉永7（1854）年に再び来航したペリーの艦隊に密航を企て失敗した事件に連座して，幕府の伝馬町の獄に繋がれました。その後9年間，地元に蟄居(ちっきょ)を命ぜられました。象山は幽閉の身にくじけることなく，益々蘭学の研究に励み，自己の思想を深めています。象山は自己の生涯における思想の深まりを省みて，次のように詠んでいます。

　余年二十以後すなわち，匹夫の一国に繋がり在るを知る。
　三十以後すなわち，天下に繋がり在るを知る。

四十以後すなわち，五世界に繋がり在るを知る。

　文久2（1862）年，蟄居生活から解放された象山は，水を得た魚のように活動を開始しました。元治元（1864）年，一橋慶喜に招かれて上洛し，公家や将軍たちに公武合体論と開国進取論を説きました。しかし，尊王攘夷派の志士の狙うところとなり，京都で暗殺されました。54歳でした。

3．信州大学長の激励 〜素晴らしい学生の組織的な活動〜

　「信大YOU遊」の活動については，学長時代から大変関心を持っておりました。教員・学生が子ども・地域の方々と共に「青少年の育成」に取り組んでおられること，及び学生が本事業を主導し組織的な活動をしていることは実に素晴らしいことです。さて，私は学長を退任後，「信大YOU遊」の理念ともマッチする活動「森本自然教室」を農学部並びに地域の方々と共に行っています。今年で10年目を迎えます。小学生とその保護者を対象にした伊那谷の自然観察を地域の方々と共に行っています。子どもたち・保護者・地域の方々が，自然の面白さ・不思議さを自分たち自身で学ぶとともに，自然に関する共通の関心をもとにお互いのコミュニケーションを図っています。
【森本尚武（農林生物学）　第11代信州大学長】

4．信州大学教育学部に入学した学生たちの志

　長野県には17市36町67村，合わせて120市町村がありました。平成の大合併によって，現在は77市町村になっています。信州大学教育学部に学ぶ学生の約4割は，この地をふるさととしています。それ以外の約6割の学生は，北海道から

沖縄まで，全国から集まってきています。まさに全国区の教員養成学部といえます。また，中国をはじめとする諸外国からの留学生も学んでいます。

　教育について学びたいので，「信州教育」の精神が息づいている信州大学教育学部を選択した，という学生も見られます。「YOU遊」とは，これからの我が国の学校教育を担って立つ志を抱いた学生たちが，カリキュラムにある必修の「教育実習」とは別に，自ら志して自己に課した教育実践の場であり，自己の人間力を鍛えることを目指した「応用教育実習」ともいうべき場であったといえましょう。

5．「YOU遊」の理論構築の場は水曜日の昼休み時間

　教育学部に学ぶ学生は，ピアノの練習に水泳の練習，スキーの練習等があり，そのほかに学業を支えるアルバイトもあり，実に忙しい毎日を過ごしています。「YOU遊」に参加したいという学生たちが集まれる場と時間帯は，1週間に1度，水曜日の昼休み時間，12時40分から12時55分までの15分間の全体会だけであることが経験的に分かってきました。この15分間で相談し，決めることができないことは，「YOU遊」では行わないことがルールとなりました。この15分間に50〜100人が揃って集中的に話し合いをします。この15分間を積み上げて，約100人の学生が約300人の子どもたちと関わるプログラムを開発しました。

6．有識者の卓見 〜教師教育改革は教育改革の中心〜

　この度は，『「信大YOU遊」18年の教師教育学研究』，『「信大YOU遊未来」の教師教育学研究』第19集をお送り頂き，ありがとうございます。教師教育改革は教育改革の中心と考えています。私も連帯して励みたいと思っております。
　【佐藤学　学習院大学教授・東京大学名誉教授】

7．女性実行委員長による全員参加型の運営

　「YOU遊」を持続していく上で最大の課題は，いかに後継のリーダーを見つけ，育てていくかということです。第2期も後半に差し掛かる頃から，先輩たちの間で，第3期を引き継いでくれそうな人が全く見当たらない，という悲観論がささやかれるようになりました。しかし，来年のことは来年の人たちが考えることであるから，たとえ第2期で「YOU遊」が終わることになったとしても，それはそれでいいではないか。今の我々にできる精一杯の努力をしようと励まし合いました。

　こうして平成8年の正月を迎え，学生たちが正月帰省からキャンパスに戻ってくるや異変が起こり始めました。「YOU遊」がなくなってしまうことはとても残念です。終わらせるわけにはいかないと，「YOU遊」の将来を心配してくれる学生が一人また一人と現れてきました。このような学生の中から実行委員長に立候補する学生が2名現れました。立会演説会を開き，投票の結果，女性実行委員長が誕生しました。彼女はこれまでの2年間の運営を側面から見てきて，執行部の学生たちだけが忙しい思いをするのではなく，スタッフを務めてくれる学生たちにもオープンに仕事を担当してもらい，全員参加型の運営によって苦楽をともにする「YOU遊」を作ろう！と情熱を込めて訴えました。この開放性と平等性の考え方に圧倒的な支持が集まりました。信州大学教育学部は女子学生が6割以上を占めています。やがて我が国の教育界も，女性教師の教育的愛情と忍耐力によって，教育改革が成し遂げられていくものと考えられます。

註
* ＊1　中村典史・土井進「学生にとっての出張YOU遊サタデーの意義」『信州大学教育学部附属教育実践研究指導センター紀要』第6号，1998年．
* ＊2　坂本保富「佐久間象山―「東洋道徳・西洋芸術」の提唱と実践に自己を貫く―」，唐澤富太郎編著『図説　教育人物事典』上巻，ぎょうせい，1984年．

4年目
平成9年度
第4期「信大YOU遊サタデー」の実践

1．「こんにゃく作り」が教材研究の原点

　原料から物を作り上げることが好きな私は，「こんにゃく作り」の講座に挑戦しました。地域の吉澤嘉壽さんが「講座長がこんにゃく芋のできかたを知らないわけにはいかない」と，ご自身の畑で育てられた2年物のこんにゃく玉を譲ってくださいました。それを私は，アパートのベランダに発泡スチロールのミニ畑を作り育てました。この体験が後の「こんにゃく作り」に大いに役立ちました。教員として育休を頂戴していたときに，育児サークルのボランティアとして「こんにゃく作り」を多くの母親世代にお伝えすることができました。「地味」でありながら「着実」な活動が教材研究の原点であることを学びました。

2．国立信州高遠少年自然の家での「出張YOU遊サタデー」

　平成8年12月に漆戸邦夫教育学部長，教務係長と筆者の3人は，国立信州高遠(たかとお)少年自然の家の松下俱子所長を訪ねました。それはフレンドシップ事業として新設した「教育参加」という科目のメニューに，同少年自然の家の協力をお願いするためでした。快諾が得られただけでなく，松下所長から「YOU遊」の学生たちに「高遠フェスティバル」に参加して欲しいとの要望が出されました。こ

の提案は学生の活躍の場を広げる上で大変ありがたいものでした。しかし,「YOU遊」は学生の自発的な取り組みとして実施されているので,筆者の一存で返答することはできませんでした。

　平成9年4月に松下所長が漆戸学部長を訪ねて来てくださり,その折に松下所長に「YOU遊」実行委員のメンバーに会っていただきました。学生たちは大喜びで,5月31の土曜日に高遠下見ツアーに出かけました。

　下見ツアーに参加した5名の学生は,藤沢謙一郎・附属教育実践研究指導センター長と筆者の車に分乗して高遠に向かいました。車中,学生たちは寸暇を惜しんで教員採用試験の猛勉強に勤しんでいました。

　百聞は一見に如かず。高遠のすばらしい自然環境の中に来ると,学生たちの「YOU遊」精神が刺激されたようで,秋には高遠での「YOU遊」を実現したいという決意が固まりました。引き続き高遠町の住民の案内で,高遠城下の見事な桜,高遠藩藩校・進徳館,ならびに高遠が生んだ明治教育の開拓的指導者・伊沢修二の生家を見学して帰路につきました。

　そして,10月11日に学生キャプテン・スタッフ33名は,国立信州高遠少年自然の家を会場として,「出張YOU遊サタデー」を思う存分楽しみました。

3．信州教育の精神 〜高遠藩藩校「進徳館」に学んだ伊沢修二〜[*1]

　伊沢修二（1851-1917）は,長野県伊那郡（現在の上伊那郡）の高遠城下に生まれました。高遠藩藩校「進徳館」に入学し,抜群の成績で,明治3年,高遠藩の貢進生（こうしんせい）に選ばれ,大学南校,開成学校に学びました。貢進生というのは,明治政府が中央集権の国づくりのための人材を旧藩に命じて,差し出させた最優秀の人材でした。

　伊沢は,師範教育,教育学,音楽教育,体育,教科書,東京盲唖学校,吃音教育など多方面で活躍し,貢進生の目指した目的を最もよく果たした人物といえま

しょう。

4．小諸文化センターでの「出張YOU遊サタデー」

　平成9年6月に，長野県教育委員会佐久教育事務所の指導主事が，父親の家庭教育参加を考えるフォーラム「乙女の森フェスタ・親子で遊ぼう，作ろう」に「YOU遊」の参加を依頼するために来学されました。指導主事には，佐久地方出身の女子学生に直接会って依頼していただきました。その学生は教員採用試験の勉強，卒業論文，「YOU遊」実行委員として，とても忙しい毎日を送っていましたが，自己の成長の機会になると受け止め，11月9日に小諸文化センターで「出張YOU遊サタデー」を実践しました。

5．信州教育の精神 〜小諸義塾の教育実践者・島崎藤村〜[*2]

　島崎藤村（1872-1943）は，本名春樹，信州馬籠に生まれました。明治14年，10歳のとき藤村は東京に出ました。明治24年に明治学院を卒業し，明治女学校，東北学院の作文教師を経て，明治32年に長野県小諸に行き，小諸義塾の教師となりました。ここで6年間，やや落ち着いた教師生活を送りました。

　〇藤村の代表作「千曲川旅情の歌」
　　小諸なる古城のほとり　雲白く遊子(ゆうし)悲しむ　緑なす繁蔞(はこべ)は萌えず
　　若草も藉(し)くによしなし　しろがねの衾(ふすま)の岡邊(おかべ)　日に溶けて淡雪流る
　　あたゝかき光はあれど　野に滿つる香(かをり)も知らず　淺くのみ春は霞みて
　　麥(むぎ)の色わづかに青し　旅人の群はいくつか　畠中の道を急ぎぬ
　　暮れ行けば淺間も見えず　歌哀し佐久の草笛　千曲川いざよふ波の

岸近き宿にのぼりつ　　濁り酒濁れる飲みて　　草枕しばし慰む
なぐさ

　藤村に学んだ人たちは，その愛情あふれる細やかな指導に魅了され，一様に藤村先生，藤村師と呼んで，敬慕してやまなかったといわれます。藤村は，西行，良寛，一茶などから童心を学んでいます。決して自分を表に出そうとはしないし，名誉とか体面といったものは露ほどももっていない人であったと評されています。藤村の指導法は，形式ばったことは全く嫌いで，教室の窓の外に日が輝いているのを見ると，こんな時は教室にいては勿体ないと言って，小諸義塾のすぐ前にあった懐古園へ生徒を連れ出し，松の根や石の上に腰を下ろして，講義を続けるという指導法でした。

6．「YOU遊」学生が長野冬季オリンピック・ボランティアとして貢献

　平成9年に第18回長野冬季オリンピック競技大会が開催されました。「YOU遊」を担った学生たちは，オリンピック・ボランティアとして，それぞれの競技の任務に参加しました。オリンピックが始まる前に「YOU遊」の実践記録を書き上げようと日夜奮闘しました。
　「YOU遊」は，困難が多い教育界に敢えて自分の生涯を賭けようとする使命感に燃えた学生たちによって推進されています。

7．文部省「フレンドシップ事業」始まる

　平成6年に発足した「信大YOU遊サタデー」等を参考事例として，文部省は平成9年に「教員養成大学・学部等フレンドシップ事業」をスタートさせ，経費を申請するための条件として，次のことが示されました。

教員の養成段階において，学生が種々の体験活動を通して，子どもたちとふれあい，子どもの気持ちや行動を理解し，実践的指導力の基礎を身に付けることが出来るような機会を設けるものであること。
　上記の趣旨を内容とする授業科目を開設すること。（以下略）

　国の政策として税金を投入する以上，授業科目として大学の教員養成カリキュラムに位置づけることが，第一の条件とされました。フレンドシップ事業は，当時の社会背景のもと，学校週五日制への対応，学生の実践的指導力の養成等をめざしていましたが，平成16年度より国立大学が法人化され，フレンドシップ事業に経費がつかなくなり，やがて各大学から姿を消していくことになりました。
　フレンドシップ事業に採択されるための条件が，授業科目とすることであったため，信大教育学部では，松本キャンパスの1年次生に体験的授業科目「教育参加」を新設して「フレンドシップ科目」としました。「YOU遊」は，学生たちの願いを尊重して授業科目とはしませんでした。

註
＊1　唐澤富太郎編著『図説　教育人物事典』上巻，ぎょうせい，1984年．
＊2　並木張・土井進「教育実践者としての島崎藤村」『信州大学教育学部附属教育実践研究指導センター紀要』No.6, 1998年．

5年目
平成10年度
第5期「信大YOU遊サタデー」の実践

1．「青少年のための科学の祭典」の事務局を担当した「YOU遊」の学生

　平成9年7月初旬に，富山大学教育学部のある教授が漆戸邦夫教育学部長を訪ねてこられました。科学技術庁の委託で一千万円規模の予算で実施されている「青少年のための科学の祭典」を「YOU遊」が母体となって，長野県で開催してはどうか，という提案でした。このような取り組みはめったにできるものではないので，「YOU遊」実行委員会としては全力で取り組みたい旨の返事を即座に申し上げました。

　長野市のビッグハットを会場として，平成10年8月15，16日の2日間に延べ16,231名が参加しました。この「青少年のための科学の祭典」長野大会の事務局の仕事を担ったのが「YOU遊」の学生たちでした。大会当日の受付，会場整理，駐車場整理，弁当の注文と配布，会計補助などの裏方の仕事を献身的に担ったのが，80名の「YOU遊」メンバーでした。科学の祭典は，「YOU遊」の5年間の総力の結集でした。

2．長野県警察本部「武徳殿」で始まった「早朝自主研修会」

　「YOU遊」を実践している学生たちの間から，教員採用試験に合格できる人間

力を身に付けたいので，勉強の場を設けて欲しいという要望が出されました。これを受けて，平成10年12月8日から「早朝自主研修会」（月・水・金の8:00～8:50）を開始しました。

　会場は大学キャンパスではなく，長野市立図書館の裏にある長野県警察本部「武徳殿」でした。大正元年に建てられた「武徳殿」は，師範室もあり威厳と風格に満ちた武道場でした。我が国の教育者を目指す学生が，丹田を鍛え，師魂を修養するには最もふさわしい場所であると思いました。「武徳殿」をお借りした理由は，学生たちに武道の基礎を身に付け，教育者として天に羞じることのない人格を修練していただきたいと願ったからです。この意を了とされ，早朝の時間帯なら支障はないと，即座に使用許可を与えてくださった長野県警察本部に対し，深く敬意を表します。「武徳殿」での稽古は，平成12年7月31日まで続きました。それ以後は教育学部に移りました。

　平成10年12月18日に始まった「早朝自主研修会」は，平成25年5月23日に閉講となるまで1,400回開催されました。指導教員は渡邉伸教授（器械体操），宮崎樹夫助教授（数学教育学）と筆者が中心でした。

3．有識者の卓見 ～あるべき教師像と「YOU遊」の信念の拠り所～

　加藤章上越教育大学長は，『「信大YOU遊」18年の教師教育学研究』への寄稿文において，次のようにご指摘くださいました。

　　土井氏は間もなく定年を迎えるという。定年にあたって是非ともこれまで全力をあげて作り上げてきた教師教育の優れたノウハウや，あるべき教師像，さらに自らの信念の拠り所を示すことによって次の世代への「YOU遊」の継承がよりよく実現されることを願うものである。
　　【加藤章（日本近世史）　上越教育大学長・上越教育大学名誉教授・盛岡大学顧問】

「YOU遊」を20年間，そして，「早朝自主研修会」を16年間にわたって1,400回愚直に実践してきた筆者の信念は，おおよそ次のようなものです。

　「信州教育」の名はもはや死語になったという見方をする人もありますが，「信州教育」は死なず，「信州教育」が生きていることを現代に実証したいというのが，筆者の強い願いです。この念願は，不思議なご縁によって信州大学教育学部に奉職した当初からの願いであり，今も変わりません。「信州教育」の持つ精神性，哲学性を現代に蘇生させ，肚(はら)のできた教育者を全国に輩出することが「YOU遊」の使命であると受け止めてきました。

4．筆者の教育実践の淵源となっている大乗菩薩道の精神

　人類の教師といわれる釈尊は，万人に「仏性」という無限の可能性が秘められていることを開示しました。自己の内に秘められた無限の可能性の開花をめざして，師弟が同行の汗を流し，子どもたちの喜びを我が悦びとして，師弟が共育の道を歩むところに人間教育の原点があると考えます。この人間教育は大乗仏教が示している菩薩道の精神に通ずるものであると考えます。

　日本一のアルプス連峰と日本一の信濃川を擁する「信州の地」から，今再び学生パワーによる教育興隆の波を起こしたい。「信州教育」の精神性，哲学性を体現した先人たちに学び，我らも道一筋に学び，先人の跡に続きたいものです。これが教員養成に賭ける筆者の願いです。

5．信州教育の精神 ～「信州教育」に精神性・哲学性をもたらした人物～[*1]

　西田幾多郎（1870-1945）は，は石川県河北郡に生まれ，現在その地に石川県

西田幾多郎記念哲学館が建立されています。明治27年に東京帝国大学を卒業し故郷の石川県七尾で中学校教師となりました。その後，明治29年四高講師となり，ついで恩師北条時敬校長の山口高等学校の教授に採用されました。その後，四高教授，学習院教授を経て，明治43年に京都帝国大学の哲学科助教授となりました。

　哲学者・教育者としてたくさんの弟子を育てた西田は，生涯を次のように振り返っています。

　「私の生涯は極めて簡単なものであった。その前半は黒板を前にして坐した。その後半は黒板を後にして立った。黒板に向かって一回転をなしたと云えば，それで私の伝記は尽きるのである。」（「或教授の退職の辞」）

　西田の著作は定年退職以後，物に憑かれたような勢いで執筆されました。京都の宅には，「一日不作一日不食」（一日作さざれば一日食わず）という句が掲げられていました。この晩年の気迫は厳しい自己鍛錬によるものでした。

　西田の気迫は，次の2つの句に遺憾なく発揮されています。

　　人は人　吾は吾なり　とにかくに　吾行く道を　吾は行くなり
　　ひはくれて　みち遠けれど　ともかくも　けふけふたけの　なりはひはしつ

6．信州教育の精神 〜物となって考え，物となって行う〜[*2]

　かつて信州教育は，西田幾多郎の京都哲学を範とし，小学校教員による哲学の勉強会，哲学会が設けられていました。西田は，物と心の関係について次のように述べています。

　「物となって考え，物となって行う」

　この言葉が信濃教育会講堂の入口に西田幾多郎の直筆で掲げられています。西田は，これがほんとうのことを知る道であり，文字的思考だけでなく，物になりきって，"もの"的に思考することが大切であることを説きました。

西田は，昭和20年6月7日，終戦の日を待たずして75歳の生涯を閉じました。

7．「教育」というものが無い教育学部

「教育実習事前事後指導」においてすでに5回欠席しており，来週休めば「教育実習」を受けられないという学生が5人も出ました。掲示板で呼び出しても反応がないので，それぞれの学生の指導教員のお力を借りたいと思い，各研究室を訪ねました。返ってきた返事は「もう大人ですから，ほっておいてください」という冷たい言葉でした。筆者はこれを聞いて，ここは「教育」というものが無い教育学部であると憤りを覚えました。

註
*1 唐澤富太郎『執念―私と教育資料の収集―』講談社, 1970年.
*2 唐澤富太郎編著『図説 教育人物事典』下巻, ぎょうせい, 1984年.

6年目
平成11年度
第6期「信大YOU遊サタデー」の実践

1．学生の集いから生まれる偉力

　平成11年11月13日に，信州大学創立50周年記念式典が行われました。その一つの行事として「フレンドシップ事業全国学生シンポジウム」が開催され，全国13大学の学生・教員100余名が教育学部第一会議室に集まりました。これに参加した熊本大生は，「全国各地から集まった大学の仲間たちから得ることが出来た喜びは，どれも私にとってかけがえのないものとなりました。学生が集うときに生まれる力がいかに大きいものであるかを実感することができました」と述べています。

　このシンポジウムが機縁となって，学生同士の交流の輪が着実に広がりました。12月11日の第19回「信大YOU遊サタデー」には，上越教育大学から4名の学生が見学に訪れました。また，12月18日に上越教育大学で行われたシンポジウムには9名の信大生が参加し，6つの分科会に分かれて討議しました。さらに，平成12年3月4日の鳴門教育大学のシンポジウムに1名の信大生が参加し，3月6日の熊本大学のシンポジウムには2名の信大生がパネル討論の討論者として参加しました。

2．一人を大切にする熱意によって，学生は自分を強くする

　まだ寒さが残っていた平成11年3月3日に，第6期「YOU遊」実行委員会が発足しました。その日以来，実行委員の学生を中心に，学生が一人また一人と語り合うことによって，過去最大の110名もの学生スタッフが集まりました。子どもの参加者を募集するために，学生たちはチラシを作り，新聞社を訪ねて記事の掲載をお願いし，また，松本地区の小学校へチラシ配布に出向きました。こうした地道な努力の積み重ねによって，子どもたちから手書きの参加申し込みはがきが毎日のように届くようになりました。

　「YOU遊」は，学生の熱意を唯一の原動力として運営されています。キャプテンとスタッフの学生たちは，勇気を出して講座を開くことを決め，子どもたちの喜ぶ顔が見たいと日夜準備に汗を流しています。この「行動」によって，学生たちは自分を強くし，人間としての器を大きくしていると思われます。

3．濡れた藁の中に入れられた微々たる炭火

　キャプテンとスタッフは，子どもたちの笑顔を引き出し，ともに喜びあえる「YOU遊」を創造するために汗を流しています。そして，活動が終わったらすぐに実践記録を執筆します。「YOU遊」という先駆的な実践は，全国の大学や地域社会から大きな関心をもって注視されています。新しい第三の千年が開幕しようとしています。21世紀の教育もまた信州から狼煙(のろし)が上がったと言われるような創造的な教育実践を展開しましょう。

　「YOU遊」の取り組みは，今はまだ濡れた藁の中に入れられた微々たる炭火に過ぎません。しかし，やがてそこから藁に火がつき燃え上がるように，「YOU遊」の実践も今はまだ微々たる存在かもしれませんが，そこから必ずや「教員養成カリキュラムの改善」という火が点き，やがて「新しい教員養成システムの確立」

という炎となって燃え上がる日の来ることを信じて，地道に前進していきましょう。

4．「YOU遊」の受付係の大事な役目は「笑顔」

　各講座から1名が受付係の仕事につきます。受付係は当日，子どもたちを迎える玄関の役となり，子どもたちが手にしている「YOU遊カード」と名前を確認します。前もってキャプテンが用意してくれている名札に間違いがないかを確認します。そして，受付係の大事な役目は「笑顔」です。子どもたちの中には，緊張しながら来る子もいます。小さい子は特にドキドキが大きいと思います。そんな不安を打ち消してくれる優しいお姉さん，お兄さんであることを示すためにも，受付係の「笑顔」が大切なのです。

　当日までの事前準備として，受付の名簿づくり，参加費・教材費の確認，名札や領収書の準備，修了証の確認をすることが大事な仕事です。子どもたち一人ひとりの名前や名札に欠損がないかを確認することは，参加してくれた子どもたちをがっかりさせないためにとても重要です。

5．有識者の卓見 ～「信大YOU遊」は「信州教育」の伝統を継ぐもの～

　「信大YOU遊」の教育では，学生の自主性，主体的活動を最も重視し，学生が大学の教室を出て，子どもたちの成長を学ぶ，あるいは，親，地域，行政等と一緒になって子どもたちと活動し，教師となるための資質を養うということであります。教師教育にあたって親や地域等との連携の事例はしばしば聞きますが，「信大YOU遊」ほどの規模のものは見当たらないように思うのです。

　私は教員養成の学部に30年近く勤めさせていただいた身としまして，信州教育の伝統については多少知る機会もありました。「信大YOU遊」の実践は，この

伝統を継ぐものとして，貴重な足跡となって残ると思うものであります。

【泉野佐一（数学教育学）　富山大学名誉教授】

6．「YOU遊」の駐車場係の役目は，大学正門でお迎えし，お見送りする

　駐車場係の仕事は，主に大学の正門に立ち「YOU遊」に来てくれた子どもたちと保護者を誘導し，帰りの時も，安全に子どもたちが帰れるように見送ることです。初めて「YOU遊」に来てくれた子どもたちは，大学という見慣れない場所に来たので，不安な気持ちでいます。その不安な気持ちを和らげてあげられるのが駐車場係です。朝に会った子どもたちと，帰りの時に「笑顔」で挨拶が出来ることが，この係をやっていて一番うれしいことです，と担当した学生は述べています。

7．「YOU遊」において先輩から後輩へと一貫して受け継がれたこと

　「YOU遊」の名称は変わりましたが，変わらないものがありました。それは次のようなことです。

　○やりたい学生が，やりたいことを，やりたいようにやる，という主体性・自
　　発性を発揮して実践に取り組んだこと
　○キャプテンとスタッフが協働して「遊学プラン」を練り上げ，教材開発に努
　　めたこと
　○もっと子どもたちと遊びたい・学びたいという熱意に満ちて，実践的指導力
　　の練磨に努めたこと

8．有識者の卓見 〜教師への確かな決意を目指す「信大YOU遊」〜

　平成6年，それは「信大YOU遊サタデー」が全国に先駆けて本格的に「フレンドシップ事業」を開始した年である。当時の教員養成機関はというと，教育現場の実態と教員養成との間の乖離(かいり)の指摘にも耳を傾けず，戦後の旧態依然とした教員養成カリキュラムにしがみつき，抜本的なカリキュラム改革は行われてこなかった。正にこのような背景の中で，「信大YOU遊サタデー」が立ち上げられたのである。教員養成課程にある学生が，様々な活動を通して子どもたちとふれあい，子どもの発達特性を理解しつつ，子どもたちと関わることに喜びを感じ，教師への確かな決意をもつことを目的に実施する学生の自主的活動の立ち上げである。

　それまでの教員養成系大学・学部においては，実践的，体験的な科目は経験主義とし，大学は学問が第一，実践的なことは現場に入ってからで十分という考えが支配的であり，教育実践的な科目を下に見る傾向がなきにしもあらずであった。その意味で「信大YOU遊サタデー」の立ち上げは，おそらくは学部内部にも抵抗があり軌道に乗せるまでに様々な苦労があったものと推測される。

【濁川明男（教育実地研究・珪藻分類学）　上越教育大学教授・妙高市教育委員会教育長】

7年目
平成12年度
第7期「信大YOU遊サタデー」の実践

1．「信大YOU遊サタデー」から「信大YOU遊広場」へ

　20世紀から21世紀へ，時代は大きく変化しています。7年前は学校週五日制に教育学部としてどのように対応するか，教育実習以外に学生たちが子どもと直にふれあうカリキュラムがないことにどう対応するか，ということが大きな課題でした。

　「YOU遊」がこれらの課題の克服に貢献し，20世紀の終わりとともに幕を閉じ，21世紀は新たな人材で，新たな考えに基づいて，新たに出発するのがよいと考え，平成12年12月12日から平成13年2月5日まで，7回にわたって新しいプロジェクトの立ち上げについて話し合いました。参加した学生は約70名，教員は12名でした。この2ヶ月にわたる検討を経て，新しいプロジェクトの名称を「信大YOU遊広場(プラザ)」とすることが決まりました。また，これまで4年生が実行委員長を務めてきましたが，「YOU遊広場」では3年生に移行することになりました。

2．第20回「YOU遊」は松本キャンパスで開催

　平成12年5月27日の第20回「YOU遊」は，松本キャンパスで開催することになりました。信州大学学生部，学生サークル協議会のご理解とご協力をいただき

ましたことに，御礼申し上げます。

　モンゴルの諺（ことわざ）に「一本の木だけでは燃料にならない。一人の人間だけでは家庭をつくれない」とあります。「YOU遊」も100名の学生が力を合わせなければ実現できません。学生同士の輪の中に入り，語り合い，ぶつかり合い，励まし合い，切磋琢磨し合ってこそ，人間としての成長があるのだと思います。また，苦楽を共にすることによって友情が深まるのだと思います。

3．平成12年11月11日開催の第21回「YOU遊」で閉幕宣言

　「YOU遊」は7年間に21回開催され，この間に13回の「出張YOU遊」を実施しました。この膨大な取り組みを実践した約1,800名の学生スタッフが，入念に運営したことによって，無事，無事故で終了の日を迎えることができました。7年間で「YOU遊」の使命が終わったと考え，閉幕宣言をした理由は，次の通りです。

①「YOU遊」は，休業日となった土曜日の子どもたちの受け皿として，7年間に約4,000名の子どもたちと触れ合い体験をすることができました。
②「YOU遊」が母体となって，フレンドシップ事業の授業科目として「教育参加」が生まれ，1年生段階から子どもたちと直接ふれあうことができるようになりました。
③平成11年度に信州大学教育学部は「臨床の知」の理念を核とした新しい教育体制に生まれ変わりました。この変革にも「YOU遊」の地域貢献が大きく寄与しました。

　ありがとう！　さようなら！　YOU遊サタデー！

4．「YOU遊サタデー」を「YOU遊広場」に転換した契機

　平成11年7月に，盛岡市でNHK主催のシンポジウム「土から学ぶ子どもたちの未来」が開催されました。筆者は，このシンポジウムのパネリストとして，「信大YOU遊サタデー」6年目の実践を紹介しました。同じくパネリストの一人であったシンガーソングライターのイルカさんが，盛岡にちなんで宮沢賢治の詩「稲作挿話」を紹介されました。その一節の「商売の先生」「からだに刻んでいく勉強」「あたらしい学問の始まり」という言葉に，筆者は釘付けになりました。

　宮沢賢治のこれらの生きた言葉が，行き詰まっていた6年目の「YOU遊サタデー」の在り方を転換するヒントとなりました。すなわち，学生が開催する講座の興味深さに引かれて，毎回300名近い子どもたちが大学キャンパスに集まってくれました。しかし，これだけの数の子どもたちを相手にした活動を無事に運営することは，学生たちにとって容易なことではありませんでした。これまでの6年間で最も人気があった「スライム」という講座が，プログラムに入っていないことがありました。そのことを知った一人の子どもが電話口で発した言葉は，「スライムがないんじゃつまんない。行かない」という捨てゼリフでした。これを聞いた筆者は，「サタデー」は子どもたちをお客さんにしてしまっている。大学キャンパスに子どもを集めて，楽しんで帰ってもらう。学生にとっては子どもたちとふれあう貴重な機会となっていましたが，これ以上イベントを続けても学生の疲労が大きく，学びの意味がないと考えました。そこで学生たちと相談の上「信大YOU遊サタデー」は7年間で終了することにしました。

　代わりに浮かんだ構想は，学生が大学キャンパスで子どもたちを迎える，というやり方を転換することでした。つまり，子どもたちをお客さんとして大学に迎えるのではなく，子どもたちが地域の生活者，主体者として活動している，地域社会の中へ今度は学生が入っていくのです。この取り組みを「信大YOU遊広場」と呼ぶことにしました。

　この転換に伴って筆者は，学生の前で「今日から私は小作人になります」と宣

言し，教室でのスーツ姿の授業スタイルから，「つなぎ」を着て農場で活動する授業づくりへと大きく転換しました。

5．「信大牟礼ふるさと農場」での4年間（平成12年度～15年度）

「そばを育ててそば打ち体験をしよう」「土づくりによる人づくり」を合言葉に，牟礼村（現飯綱町）ふるさと振興公社のご支援を受けて，20aという広大な畑を借りて始まったのが「信大牟礼ふるさと農場」です。牟礼へは教育学部から車で30分以上をかけて，4年間通いました。

この農場での作物は，そばだけでなく，ジャガイモ，サツマイモなど年々増えていきました。午前中は畑仕事，昼食をはさんで，午後はレクリエーションや農作物についての学習を行いました。4月に活動を始めて12月にそば打ち体験をするまで年間9回活動し，参加した子どもは平均36名，保護者16名，学生14名でした。暑い日差しの中での広い畑の草取りは，とても大変な作業でしたが，子どもたちは時間いっぱい頑張りました。

6．有識者の卓見 ～農業を教育の場と捉えるもう一つの可能性～[*1]

初めてYOU遊サタデー実行委員の皆さんに会ったのは，昨年の今頃，かなり雪深い時期であったと思います。まず私の頭に浮かんだのは，大学生が，それも農学部ではなく教育学部の学生が，農業をやって何を学習するんだろう，という「？」マークの付いた言葉でした。活動の趣旨を伺うと「これからの教育には大切な事」と納得はしましたが，この戸惑いは何だろうと考えてみると，私を含めて農業関係者は，今まで生産者側のみに意識が集中し，会議で出てくる言葉といえば「高齢化，後継者不足，嫁不足，農地の荒廃化，面積の減」等々で，その解

決策は「とにかく活性化」「もっと売れる物を」「もっと多く」「もっと高く」等々。結局，自分たちの農業を見る目は，「飯の種」でしかなく，農業でお金が儲かれば，今の農業の諸問題は一挙に解決し，農村も活性化するという図式の中で，今回の皆さんの提案は，異質な印象を持ったのかもしれません。（中略）

　今回のように農業を教育の場と捉え，人材育成の役割も果たせることは，農業の進むもう一つの可能性を見いだしてくれたのかもしれません。昨年1年間皆さんと一緒に活動し，公社スタッフも，改めて勉強になったことが多々あります。
　【竹元清春　牟礼村（現飯綱町）ふるさと振興公社】

註
＊1　『平成12年度　第7期「信大YOU遊サタデー」の実践―体験的学習の指導による実践的力量の形成―』信州大学教育学部附属教育実践研究指導センター，平成13年3月.

8年目
平成13年度
第1期「信大YOU遊広場」の実践

1．「信大YOU遊広場」の活動拠点として「竹」の部屋を整備

　平成12年10月１日付けで筆者の所属が附属教育実践総合センターから教育科学講座に移籍し，研究室が旧附属長野小学校北校舎の「竹」と「梅」の部屋に移ることになりました。附属長野小学校が平成９年に長野市南堀の地に移転して５年目に，縁あって，かつて子どもたちの学びの場であった「竹」と「梅」と名付けられた教室に引っ越すことができました。「竹」の周りには，くるみ，イチジク，あんず，梅，びわの実がなり，四季折々に小鳥がさえずり，春には桜が満開に咲き誇り，前を流れるシシ沢川にはホタルが舞う詩情豊かな場所でした。ここを研究室として定め，学生たちの「信大YOU遊広場」の活動拠点とすることができたことは，まさに天祐でした。

　附属長野小学校が移転してから５年，「竹」の教室は廃棄物の物置き場となり，重い鉄の戸は容易には開かず，両手でやっと開けることができるという状態でした。天井からはクモの糸が下がり，水道をひねると錆びた水が流れ出て，壁面は積年の埃で煤けていました。「竹」の部屋の向かいにあるプレハブは，かつて教育実習生の更衣室として使用されていました。この場所も附属長野小学校の了解を得て，きれいに片付け，ここを「YOU遊」の物品庫としました。ここに附属教育実践総合センターにあった「YOU遊」関係の物品一切を学生の協力によって運び入れることが出来ました。

こうして「竹」の部屋を古いながらも一新して，研究室と「YOU遊」の活動拠点として整備することができました。「竹」の部屋にどんと坐って周りを見渡した時，ふと大正7年にこの地で，長野師範附属小学校の杉崎瑢(よう)（1877-1943）と淀川茂重(もじゅう)（1895-1951）が実践した「研究学級」の取り組みが想起されました。

2．信州教育の精神 〜杉崎瑢・淀川茂重による「研究学級」の実践〜 [*1]

　杉崎と淀川は，ジョン・デューイの「実験学級」に学びながら，「研究学級」というそれまでの日本の教育界では使われたことのない教育研究のための新しい学級をこの地に増設しました。杉崎と淀川が信州教育の精神を躍動させた，83年前の清新な息吹に想いを馳せながら，今再びこの場所で「信大YOU遊広場」という21世紀の新しい教育実践研究を創造していくことを深く心に期しました。
　淀川は，明治28年に現在の小県郡長和町(ちいさがた ながわ)に生まれ，長野県師範学校を卒業し，大正7年に長野県師範学校附属尋常高等小学校訓導となりました。大正期に実践した「研究学級」は，今日の「総合的な学習の時間」の源流の一つとして高く評価されています。
　淀川の「研究学級」は，教室を出て長野市の裾花川(すそばな)に沿って，カタクリの群生地を訪ねたり，茂菅(もすげ)地区を散策したりして，地域の自然を教科書として，児童が自ら教科書を作るという創造的な学習方法でした。

3．「YOU遊サタデー」と「YOU遊広場」の違い

　7年間で「YOU遊サタデー」を閉幕し，8年目から「YOU遊広場」が始まりました。その違いはどこにあったのでしょうか。一番大きな違いは，子どもたちの集まる場所が大学キャンパスから地域の広場（プラザ）に変わったことです。

7年間にわたって通算21回の「YOU遊」が大学キャンパスで行われました。21回実施したということは，1回につき200〜300人の子どもたちを受け入れる労作業を，1年間に3回実施したことになります。開催される講座は毎回変化しており，参加する子どもたちも希望する講座を往復はがきに書いて申し込みました。そのため募集案内や名札作りはその都度新規に行わなければならず，事務量は膨大になりました。

　さらに大きな課題となったことは，子どもたちが「お客さん」になり，「一過性のイベント」になってしまったことです。これでは学生たちの講座開設に向けた苦労が報われません。主役であるべき子どもたちが「お客さん」となり，「一過性のイベント的性格」に堕してきた「YOU遊サタデー」から脱皮することが必要になりました。そこで学生と子どもたちがふれあう活動の場を地域社会に求め，この活動場所を「広場（プラザ）」と呼ぶことにしました。例えば「信大牟礼ふるさと農場」「信大茂菅（むれ）ふるさと農場」などです。この広場は通年にわたって開設され，子どもたちも通年参加となったので，お互いに名前を覚え親しくなることが出来ました。

　なお，「YOU遊」の組織を「YOU遊サタデー」では，実行委員会，実行委員長と呼んでいましたが，「YOU遊広場」からは，運営委員会，運営委員長と呼ぶことになりました。

4．「YOU遊」の根本精神は「主体性」「自発性」

　「YOU遊広場」の根本精神は「YOU遊サタデー」のそれと何ら変わるところはありません。「やりたいと思った学生が，やりたいと思っている仲間とともに，やりたいようにやる」という主体的精神です。

　「YOU遊」という組織は，初めに何事かをやることが決まっているのではなく，何事かをやりたいと思った学生が寄り集まって，自然発生的に学生組織が築かれていくところに，この活動の最大の特色があります。自らのやりたい課題を，地

域社会と連携して１年間にわたって持続し，成し遂げる忍耐力と責任感が求められます。

５．「人間力」の源は「ずく（尽）」の発揮

　教員に求められる実践的指導力は，①子どもに寄り添う「人間力」，②子どもの学びを引き出す「教材開発力」，③子どもと教材を結んで学びを成立させる「授業組織力」の３つで構成されていると考えることができ，それはまた「人間力」であると言い換えることが出来ると思います。

　この３要素によって構成される実践的指導力の根源は何であろうか。この問いへの１つの答えは，長野県において今日でもよく使われる方言，「ずく」がピッタリだと思います。「ずく」を表現する漢字は「尽」です。「ずく（尽）」とは『日本方言大辞典』（小学館）によれば，「①強い精神力。がまん強く続ける気力。②骨惜しみせず，精を出して働くこと。」です。したがって，「ずくがある」とは，その人の精神的な骨格がしっかりとしており，精を出して働く根性を持っている，という意味になります。

　「YOU遊」の学生たちには，学生組織を形づくり，通年にわたって子どもたちとの活動を展開する「ずく（尽）」が溢れているといえましょう。

６．有識者の卓見 ～「YOU遊」は教師力の基底としての「人間力」に注目～

　「YOU遊」の第一の特徴は，人間の教育に携わる教師にとって不可欠な「実践的指導力の基礎」の形成には，何よりも学生の「人間力」の育成・強化が必要であるとの明確な理念に立脚している点である。その際に重視するのは，学生の自主的・主体的精神の尊重である。「やりたい人が　やりたいことを　やりたいよ

うにやる！」という「YOU遊」の精神に，それが端的に示されている。

　この実践は時代の要請に応じて，従来の教師教育にまつわる固定的なカリキュラムの枠を押し広げる試みでもある。教師力（実践的指導力）の基底としての人間力に注目して展開されている「信大YOU遊」事業は，その計画の周到性と緻密性の点でも先駆的モデルとして評価できる。

【藤枝静正（教育制度学）　埼玉大学名誉教授】

註
＊1　中野光『中野光教育著作選集　第1巻「教育空間」としての学校』EXP, 2000年.；田中清一「淀川茂重の戦後初期の教育へのまなざし―『信濃教育』収載の論考を手がかりに―」,伊藤純郎監修『郷土から問う　歴史学と社会科教育』清水書院, 2023年.

9年目
平成14年度
第2期「信大YOU遊広場」の実践

1．「YOU遊広場」を運営して分かった問題点

　「学生は，やりたいことを　やりたいようにやる」という「YOU遊」精神のもと様々な企画に取り組みました。その結果，平成13年度には7つのプラザが立ち上がりました。「YOU遊サタデー」においては，20講座を越えるほどの開催であっても，責任者である筆者が大学キャンパスの中にいて，全体の様子を見守ることができ，無事故で成し遂げてくることができました。しかし，「YOU遊広場(プラザ)」になってからは，活動場所がまちまちであり，同じ日の同じ時間帯に複数の「YOU遊」が開催されることになった場合，筆者の眼が届かない空白の時間帯が生じてしまうという難題が発生しました。例えば，筆者が「信大茂菅(もすげ)ふるさと農場」の活動に参加している時間帯に，「キャンパス・プレーパーク」で何か事故が発生した場合には，責任者がその場にいなかったことへの責任が問われます。「YOU遊」のすべての会場の責任者を筆者1人で担うことには無理がありました。そこで事故が起こる前に，「YOU遊広場」を廃止する決断をしました。

2．「YOU遊広場」から「YOU遊世間」への脱皮

　「YOU遊広場」の活動が2年間で終わることになっても，学生たちの地域の子

どもたちとのふれあい体験を求める意気込みが衰えることはありませんでした。そこで，地域社会の教育は本来地域に根付いてこそ本物であるという考えのもと，学生たちは知恵と汗を流しますが，地域の子どもの安全は地域で責任をもって担っていただく，ということに理解が得られる団体と連携することにしました。そして，「YOU遊」の名称は，活動場所が地域社会であることを強調するために，地域を表す「世間」という言葉を用いることにしました。そして「世間」には「世界」という意味が含まれているので「信大YOU遊世間(ワールド)」と表記することにしました。「YOU遊世間」の成立条件は次の5つでした。

①子どもの育成や世代間交流などを通してふれあい体験ができること
②学生も企画段階から参画できること
③1年間単位での継続的な自然体験や社会体験ができること
④子どもの安全面については，その団体が責任を持つこと
⑤学生に関する問題は大学が責任をもつこと

これらの条件を基準として，地域団体と協議して「YOU遊世間」の活動を開始しました。

3．地域社会と連携した「YOU遊世間」の活動場所

地域社会において継続的な自然体験・社会体験を実現したことによって，「YOU遊」は地域社会になくてはならない存在に発展しました。

○「信大茂菅ふるさと農場」は，「YOU遊」のなかでも14年間と最も長く継続されたプラザです。連携団体はJAながの営農指導課，長野市茂菅地区農家の林部信造・幸子ご夫妻です。農場は教育学部キャンパスから国道406号に沿っ

て徒歩約20分の裾花川沿いに位置しています。国道に架かる茂菅大橋の下に，保護者の車を25台止めることができる駐車場がありました。

○「青木村えがおクラブ」は，青木村教育委員会との連携で9年間継続しました。学生は教育学部から青木村まで，車で1時間以上をかけて通っています。青木村は学生の活動を快く受け入れ，村の宿泊施設や温泉を提供していただき，泊まり込みで活動ができるようになっています。子どもだけでなく年配者など様々な人々と一緒に活動しています。「あおきっ子通学合宿」という1週間の合宿を青木村文化会館で毎年行っています。

○「麻績村 de 遊ぼう」は，麻績村教育委員会との連携で9年間継続しました。学生と地域の高齢者による「たたきゴマ」作りから交流が始まりました。子どもたちを大自然の中で思い切り遊ばせ，「生きる力」を養う「森の学園」構想に学生たちも参画し，通学合宿も実施しました。

○「信州すざか農業小学校」は，須坂市の三木正夫市長の提案によって始まった「信州すざか農業小学校豊丘校」との連携で，窓口は須坂市教育委員会生涯学習課です。8年間継続しました。須坂市内の全小学校から55人の児童を募集して，農家先生が児童に農業指導をする場面で，「YOU遊」の学生たちが農家先生と児童の間に入り，児童の作業を手助けしつつ，自らも農業体験を学びました。学生たちは，「信州すざか農業小学校豊丘校」の入学式や卒業式にはピアノ伴奏で活躍しました。須坂園芸高校やさいクラブとも連携しています。

○「湯谷小子どもランド」は，長野市立湯谷小学校保護者の会，ならびに長野県短期大学（現長野県立大学）と連携し13年間継続しました。

○「大岡わらわらクラブ」は，長野市立大岡小学校，長野市大岡支所と連携し6年間継続しました。人口の少ない長野市大岡地区での活動です。

○「XYサタデースクール」は，NPO法人XYサタデースクールネットワークとの連携で7年間継続しました。X軸は「確かな学力」を意味し，Y軸は「豊かな経験」を意味しています。XとYが交わることによって，逞しい人間形成をめざしています。

○長野市教育委員会が運営している「城山中間教室」と連携し，学生たちはメンタルフレンドや心の教室相談員となって4年間活動しました。
○障害児教育の「にこにこクラブ」は，教育学部附属養護学校と長野養護学校と連携し，7年間継続しました。このほかに障害児教育に関わるクラブには，「わらの会」「ペンギンクラブ」「ひだまりの会」「わいわ〜い♪元気クラブ」「虹の会」「いるかクラブ」があり，障害児との関わりに誠実に取り組みました。
○高大連携では，長野西高校との連携活動が2年間行われました。また，長野商業高校定時制との連携活動も2年間行われました。
○キャンパス・プレーパークは，信州大学教育学部の旧グラウンド跡地をお借りして3年間，毎週木曜日（15時〜17時）と土曜日（10時〜17時）に開設しました。

　これらの地域社会と連携した学生たちの「YOU遊」の実践は，正真正銘の社会教育実践であったといっても決して過言ではありません。

4．「YOU遊」9年目にして初めて生まれた「学術論文」と日中交流

　第一の成果は，「YOU遊」の実践をもとに考察した卒業論文が4本，修士論文が1本提出されたことです。これまでの8年間に「体験」や「イベント」はたくさん生まれましたが，それを「学術論文」としてまとめる学生はいませんでした。
　教育実践を単なる「実践」として看過せず，そこに「教育実践学」の光を当て，忍耐強く理論化していくことが極めて重要です。「YOU遊」9年目に初めて生まれた「学術論文」を嚆矢として，今後優れた教育実践研究が創造されるように，実践と理論の往還作業に努力したいと思います。
　第二の成果は，「YOU遊」によって発信された「友情」の波が，全国を越えて中国にも及んだことです。

国内では平成15年3月6日〜10日，国立妙高少年自然の家において，信州大学と上越教育大学がホスト校を務め，7大学から39名が参加した「妙高ゆきんこ　フェスティバル」が開催されました。この活動の実行委員を務めた信大生は9名でした。平成15年3月2日〜4日に熊本大学で開催されたシンポジウムには，信州大学から2名が参加し実践報告をしました。一方，平成15年2月18日〜21日に開催した信州大学の活動には，愛媛大学から2名が参加し，視察しました。

　そして，「YOU遊」の訪中団は，平成15年2月28日〜3月4日，中国四川省成都市の小・中学校を訪問し，子どもたちと交流することができました。この訪中事業が実現したのは，「信大牟礼ふるさと農場」に参加していた中国からの留学生が，「土作り」による「人づくり」の重要性を日中両国において確認したいと願ったことがきっかけでした。参加者は，教員2名，学生10名でした。

10年目
平成15年度
第1期「信大YOU遊世間」の実践

1．「YOU遊」が10年かけて築き上げてきたものは「友情」

　平成15年12月6日に「YOU遊」10周年を記念する「学生シンポジウム」と第3回「YOU遊フェスティバル」が開催されました。これには学生179名，子ども120名，卒業生35名，地域協力者18名，長野県教育委員会関係者6名，教職員18名，合計367名が出席されました。

　生協で行われた懇親会には，藤沢謙一郎副学長，赤羽貞幸教育学部長，漆戸邦夫教授をはじめ，100名を超えるご参加がありました。学生たちからは熱のこもった感動的な発言がありました。この席で，10年前に附属教育実践研究指導センター長として「YOU遊」発足の責任者を務めてくださった漆戸教授が，次のように発言されました。「"YOU遊"の真価は，この懇親会での学生の生の声を聞かないと分からないんですよ！」と。

　「YOU遊」が10年も続いてきた秘密はどこにあるのか。その答えは，懇親会の席での学生の腹の底からの声と感涙に余すところなく表現されていました。その声とは「スタッフの皆さんのおかげです！こんな私にやり遂げることができるだろうかと，とても心配でした。でも思い切ってやってみて本当によかったです。皆さんのご協力のおかげです！」と発言するや否や，腹の底からこみ上げてくる感動を如何とも抑えることができないのです。感涙にむせぶ友の姿を皆が拍手で称え合います。ここに筆者は，人間が第二の誕生を遂げるために不可欠な友情の

紛れもない姿を如実に観る思いがしました。

２．学生の学生による学生への感謝

　「YOU遊広場(プラザ)」の学生組織から「YOU遊世間(ワールド)」の学生組織へと脱皮を図ることは容易なことではありませんでした。「YOU遊広場」の活動場所は大学キャンパスではなくなりましたが，子どもの募集は依然として学生が行い，活動場所も自分たちで開拓しました。しかし，「YOU遊世間」になってからは安全性を第一優先するために，子どもは連携団体が募集し，活動場所も連携団体によって指定されることになりました。このような変化に適応することが，学生にとっては容易なことではなかったのです。

　「YOU遊」は９年でお終いか，10年の坂はとても登れそうもないと思われる状況が数ヶ月続きました。「YOU遊」から去っていく学生が続出しました。その苦しみに耐えながら，リーダーシップを発揮したのが，10年目の第１期「信大YOU遊世間」の運営委員長と「学生シンポジウム」の実行委員長の２人でした。今年度の活動の試練を無事乗り越えた12月13日に，２人は「YOU遊」の事務局になっている「竹」の部屋に来て，古い黒板に次のように万感の思いを書き残しました。

　○運営委員長の板書

　　みなさん，本当にお疲れ様でした。つらい時もありました。悩んだ時もありました。数々の試練をのりこえてこられたのも，支えてくれた170名の仲間がいたからです。本当に感謝しています。12月６日の第３回「YOU遊フェスティバル」に参加してくれた120名の子どもたちとその親御さんの笑顔をみたとき，「信大YOU遊世間」で１年間やってきたことに間違いはなかったと確信しました。また，「シンポジウム」では学生170名の他，卒業生や地域協力者など200名を

こえる参加者があり，学生の体験に耳を傾けていただくことができました。

　この「シンポジウム」の全体司会を務め，図書館2階の大教室の前に立ちながら，私はこの仲間たちの熱い思いが，間違いなく今後の信州大学の新たなスタートに大きく貢献しているのだ！と実感することができました。みなさん，本当にありがとうございました。

〇実行委員長の板書

　「感謝」この一言に尽きると思っています。将来への希望，夢を持てず，元気のないこの日本に喝を入れ，子どもたちの未来を照らす教師になろうと志した学生が全国から信州大学に結集したことによって，大成功につながったのだと確信しています。我々の小さな一歩が，国家百年の計といわれる「教育」につながっていくために，「信大YOU遊世間」は学生，地域，そして日本のための活動になるよう，足場をさらに堅固なものに築いていかなければなりません。皆さん，さらなる発展を目指していきましょう。

3．新聞記事「教員就職率　信大1位　69.87％」

　平成6年に「信大YOU遊サタデー」を始めた時，その10年後にまさか国立信州大学が終焉を迎えようとは夢にも思いませんでした。しかし，平成16年度から法人化した信州大学として再出発することになりました。この大転換を前に「信大YOU遊」10周年を記念する「シンポジウム」と第3回「YOU遊フェスティバル」を，平成15年12月6日に開催できたことは極めて意義深いことでした。

　さらに欣喜雀躍(きんきじゃくやく)したことは，「教員就職率　信大1位　69.87％」というニュースが舞い込んできたことです。「信大YOU遊」もその一翼を担うことができ，本当にうれしく思いました。

4．「YOU遊」は学生による社会教育実践

　社会教育法によれば，社会教育とは，学校の教育課程として行われる教育活動を除き，主として青少年および成人に対して行われる組織的な教育活動で，体育およびレクリエーションの活動も含まれる，とされています。この社会教育の定義に照らせば，「YOU遊」の活動は，学生が地域の人々と共に取り組んでいる社会教育実践である，と捉えるのが最もふさわしいといえましょう。

　「信大茂菅（もすげ）ふるさと農場」は，「JAながの」の格別な計らいによって実現しました。豊田実組合長は，学生，子どもたち，その保護者，地域社会の様々な世代の老若男女が，茂菅農場を舞台とした農業体験を通して交流し，豊かな社会体験を積んだことは，社会教育の視点から見て大いに意義のあることであったと，次のように14年間の成果を総括されました。

5．有識者の卓見 〜「信大茂菅ふるさと農場」の社会教育的意義〜[*1]

　茂菅農場の根底に流れる"思い"は，信大教育学部の学生諸君に受け継がれて然るべきものであると思います。「信州教育」の礎の一つとして，次世代への教育指導者の資質として，茂菅での体験が心の1ページにしっかりと記され，受け継がれていくことを信じ，願っています。

　そして，何よりも茂菅農場に参加した子どもたちにとって，少年少女時代の茂菅農場における様々な自然体験・社会体験が人格形成に有益に寄与しているものと確信します。当JAとしましても茂菅農場の活動を通じ，地域農業への理解や食の大切さ，食糧自給率の重要性など農業の果たす役割について知っていただくうえで重要な意義がありました。この農場の取り組みの意義として，社会教育のうえに少なからぬ寄与を実現することができましたことに対し，心から感謝申し上げます。

"人づくり"のための"土づくり"をめざした「信大茂菅ふるさと農場」において，信州大学教育学部の学生が主導し，「JAながの」，地域の子どもたち・保護者，茂菅地区農家等々と協働した農業体験・社会体験の取り組みは，まさしく社会教育の実践そのものでありました。「信大茂菅ふるさと農場」が果たした社会教育的意義は，実に大きいものであったといえましょう。
　【豊田実　ながの農業協同組合代表理事組合長】

註
＊1　豊田実「地域に根ざした茂菅農場の意義」『茂菅農場記念誌　信大茂菅ふるさと農場―"人づくり"への挑戦―』信州大学教育学部, 平成26年2月.

11年目
平成16年度
第2期「信大YOU遊世間」の実践

1．信州大学が国立大学から国立大学法人へ

　平成16年度から国立大学の法人化がスタートしました。様々な制度改革が進められる中で，平成9年に文部省によって政策化された「教員養成大学・学部フレンドシップ事業」は廃止されることになりなした。文部省は平成13年1月に文部科学省に再編されました。文部科学省は国立大学の法人化にともない，フレンドシップ経費を打ち切りました。フレンドシップ事業を続けるか否かは，各大学の判断に任されることとなりました。

　幸い信州大学本部のご理解のおかげで「YOU遊」は継続されることになり，毎年刊行してきた『実践記録』は，第11集として発行することができました。

2．「YOU遊」が目指す学生の資質能力は社会人基礎力と共通

　学生は「YOU遊」という社会教育実践を通して，次のような資質能力を身に付けていると考えられます。

　①世の中に出て，具体的な活動を企画・実践し，振り返ることによって，実践的指導力の基礎を培っている。（前に踏み出す力）

②世の中に出て，子ども・保護者・地域の人々と交流することによって，人間力を磨いている。（チームワークで働く力）
③世の中に出て，地域社会の人々と連携し，地域の発展に貢献している。（考え抜く力）

　これらの資質能力は，経済産業省が提唱している社会人基礎力の修得と深く関連していると考えられます。

3．教育学部長の激励 〜学生は社会人基礎力の必要性を感じている〜

　「YOU遊」を実践した学生の省察文を読むと，社会人基礎力の必要性を学生時代に切実に体験していることが，読み取れる。
　「失敗しても粘り強く取り組む力」，「疑問を持ち，十分に納得いくまで考え抜く力」，「チームで働く力」のことである。
　これらの3つの力は，体験活動を通じた試行錯誤から培われるものであり，臨床体験知である。「YOU遊」の活動に参加し，育った学生が教員となり教育実践を積み重ねて，やがて教育現場の核となり，教育界をリードしてくれるだろうと期待している。
　「信大YOU遊サタデー」の取り組みは，ややもすれば理論に偏りがちなこれまでの教師教育に一石を投じようとするものであったが，開始当初は周囲からやや冷ややかに受け止められていたように思う。しかし，この実践を契機に，やがて信州大学教育学部の「臨床経験科目」の体系化が進められたことを考えると，いかに先見性に優れた教育実践であったかがわかる。
　附属教育実践総合センター長として何回かこの「YOU遊」に参加し，学生たちの活躍に頼もしさを感じたものである。
　【藤沢謙一郎（健康教育学）　信州大学理事・教育学部長・信州大学名誉教授】

4．「YOU遊」の活動拠点の変遷

　「YOU遊」を実践する学生たちの拠点は，筆者の研究室の移動にともなって変遷しました。初めは平成6年6月6日に附属教育実践研究指導センターを拠点として，「信大YOU遊サタデー」が発足しました。学生たちはここを拠点として7年間活動しました。学内人事により平成12年10月1日付けで筆者は教育科学講座に移籍し，研究室が旧附属長野小学校校舎の「竹」の部屋に移動することになりました。これにともない「YOU遊」の活動拠点は「竹」の部屋の半分となり，ここで4年間過ごしました。最初の2年間の名称は「信大YOU遊広場（プラザ）」で後の2年間の名称は「信大YOU遊世間（ワールド）」でした。この「竹」の部屋は，大学院教育学研究科心理教育相談室となり，筆者は，平成16年10月1日からN館（北校舎）3階に移動しました。これにともない「YOU遊」の活動拠点もN館の3階に移りました。

5．有識者の卓見　〜教員の人間力もまた試されるフレンドシップ事業〜

　教員養成フレンドシップ事業は，土井進先生が教師教育者としての「思い」と「願い」を込め，信州大学の学生はもとより，子どもたちや地域の人々とともに20年間にわたり実践してきたものである。この土井フレンドシップ事業の実践で最も評価されるべきことは，教員養成を大学の教育課程の中での「自閉」から解き放ち，教員養成の「新たな地平」を開いたことにある。「YOU遊」事業は先駆けとして，志を同じくする全国の教員養成系大学・学部の教員・学生に次々と新しい取り組みの姿や成果を呈示し続けてきた。フレンドシップ事業の中核をなすのは，子どもたち，地域の人々，自然などとの「触れあい」を中心とした体験活動である。教育行為は，「意図的で計画的な行為」であると言われるが，体験活動への参画を通して，学生が獲得する学びは，決して意図的・計画的なものとして

生まれてくるものではない。私たちは，意図的・計画的に，その学びの内容や学びが獲得されるタイミングをコントロールすることはできない。なぜなら，それはまさに，一人ひとりの学生が活動の中での「他者」との出会いを通して絶えず変化する状況の下，創出・生成するものだからである。土井フレンドシップ事業は，このことを，実践を通して私たちに呈示し続けながら，教員養成の新たな地平を切り開いてきたのである。

「信大YOU遊」の実践記録には，数多くの学びが学生自身の言葉によってつづられている。それは「学生が自ら責任を負って，主体的に取り組む実践」だからなのである。また，「責任を担って主体的に取り組む」からこそ学生一人ひとりに自己変革の契機を提供し，また変容を期待することが可能となり，さらに，それが広義の実践的指導力を培うことにもつながっていくのである。フレンドシップ事業の魂は，「学生の自主的な活動である」ということが明らかに見て取れる。したがって，教員の責務は，フレンドシップ事業にかかわる人々や機関との関係調整あるいは学生への助言・指導の中で，学生の自主的活動をどのように担保・発展させるかということに尽きるのである。このとき，私たち教員の人間力もまた試され，また同時に鍛えられているのである。学生の実践記録には，「自分の無力さや考えの甘さに気づかされました」など，「自己変革」やその契機となるような記述を含んでいることは注目に値する。このような変容や変容の契機を，いわゆる大学の「授業」は学生にもたらすことができるだろうか。教員としては悔しい限りであるが答えは「否」である。

【近森憲助（国際教育協力）　鳴門教育大学副学長】

6．有識者の卓見 〜麻績村での9年間に及ぶ「YOU遊」の地域貢献〜

麻績村「森の学園」と「信大YOU遊」が協働する中で，学生が子どもたちに会いたいと願う気持ちは，子どもたちが学生を待ち焦がれる気持ちと呼応してい

る。「今度もお兄さんたち来てくれるの？」と異口同音に確かめたり，学生に会えることが確認できると活動への参加を決意したり，活動への取り組みに一層張り切る子どもたちの姿がそれである。

　子どもたちが，村内ではあまり見かけない社会人一歩手前の学生の姿に憧れ，「将来」の自分を重ねている高学年の姿を見るとき，子どもと学生の「今」のみならず，「将来」にも影響をもたらす証となっているように思えてならない。麻績村での通算9年間に及ぶ「信大YOU遊」の地域貢献に対して，心より敬意と感謝を申し上げる。

　【市川祥介　麻績村教育委員会教育委員長】

12年目
平成17年度
第3期「信大YOU遊世間」の実践

1．12年目の「YOU遊」運営委員会の発足

　平成17年3月18日，「YOU遊」の運営委員会が発足しました。目標はひらがな一文字でした。それは，「わ」：「ふれあい」（友情）・「つながり」（連帯）・「たすけあい」（共生）です。「土づくり」と「人づくり」の「わ」，「人」と「人」の「わ」，「心」と「身体」の「わ」を目指したものでした。

2．教育学部長の激励 ～反省的実践家を育む「YOU遊」～

　あの時から20年，次から次へと湧き出る泉のように絶えることなく現在まで脈々と活動をつづけてきている「信大YOU遊サタデー・広場(プラザ)・世間(ワールド)・未来(チャンス)」のエネルギッシュな勇姿に感無量である。

　周知のように，1983年，ドナルド・ショーンは，「反省的実践家」（refrective practitioner）という新しい教職の専門家像を提唱した。「反省的実践家」論のキーワードは，「省察」（reflection）と「熟考」（deliberation）という2つの実践的思考能力であり，これらを欠いては体験・経験を「体験的知識」，「経験知」，「実践的見識」といわれる実践知にまで高めることは不可能である。

　こうした「反省的実践家」としての教師が，現在求められている教職の専門家

79

像であるとするならば,「信大YOU遊」の活動の中には,「省察」と「熟考」という2つの思考力を鍛え,身に付ける機会が至る所で提供される格好の活動である。そして,この活動に参加する学生たちが,こうした思考のシステムをしっかり認識して活動することにより,より大きな成果が期待されるのである。

【小林輝行（教育学）　教育学部長・信州大学名誉教授】

3．学生シンポジウム「子どもに対しての叱り方・ほめかた」

　平成17年12月10日に開催された学生シンポジウムのテーマは,実行委員が検討した結果,「子どもに対しての叱り方・ほめかた」に決まりました。教師になったときに私たちが考えなければならないことは何か？という観点から,このテーマが選ばれました。その背景にあったのは,ふだんの「YOU遊」の活動を通して一番悩むのは,子どもへの対応であったことです。子どもの成長に「叱る・ほめる」ことが重要であることは,学生たちは皆分かっていました。しかし,その方法という点ではどの学生も,どのように判断し,対応すればよいかについて悩んでいることが明らかになりました。

　120名の学生,卒業生,地域協力者が15の分科会に分かれて話し合いました。その討議の内容を,『実践記録』（第12集）から引用します。

（1）適切な叱り方
・なぜ今こうしてはいけないのか,その子に気づかせる。納得させる。
・子どもを叱るのではなく,行為を叱る。
・「嫌われたくないから叱れない」から抜け出すためには,普段からの信頼関係はもちろんのこと,叱ったあとのフォローも大事である。
・自分の中に一貫した叱る規準を持っていなければならない。
・養護教諭実習で,判断が甘く,とにかく保健室に来た子をベッドに休ませた。

ホントに具合の悪い子が来たらどうするのかと，担当教員に叱られた。ありがたかった。

(2) 行き過ぎた叱り方
- 頭ごなしで叱ることは問題しか生まない。
- 「……だからお前はダメなんだ」というように，人格を否定しないこと。
- みんなの前で叱られると精神的にショックを受ける。違う部分で傷つく。

(3) 足りない叱り方
- 事情も聴かずに，頭ごなしで叱られたこと。

(4) 適切なほめかた
- 素直な気持ちでほめる。
- 具体的な部分を見てほめる。
- 結果だけでなく，その行動をしている過程の姿からほめる。

(5) 足りないほめかた
- 具体的にほめられない。
- 「いいね」「すごいね」などの同じ言葉でしかほめることができない。

(6) 助言者からのアドバイス
- 叱った後は，自分から話しかける。
- 目の前の事を見るだけでなく，長い目で見て成長のきっかけをつかんでほめる。ほめられることで自信を付けさせて，他のことに対する自信に繋げる。命に係わること，他者を傷つけることはきつく叱る。
- 子どもの行動には一つ一つ理由がある。そこに気づくことが大事である。

4．塩野入靖夫先生の講演

「かわゆくば　五つさとして　三つほめ　二つしかりて　よき子（ひと）にせよ」
シンポジウムの記念講演として，塩野入靖夫先生をお招きしました。塩野入先

生は戸倉上山田中学校の校長先生をされ，ご著書に『教師が変われば生徒が変わる―戸倉上山田中学・３年間の闘い』があります。塩野入先生を講師に推薦した女子学生は，高校３年生の春に地元の市立図書館で上記の書物に出会ったといいます。教師を目指す学生にとって，教師としての姿勢や，生徒に対する想いなどを学ぶのに最もふさわしい講師であると判断して，塩野入先生をお迎えすることに決めました。

○講師略歴

　昭和７年長野県生まれ。信州大学を卒業後，英語教師として活躍。最後の９校目の戸倉上山田中学校が最も密度の濃い教員生活であったと回顧されています。平成５年３月に定年退職されました。

○ご講演で紹介してくださった塩野入先生の座有の銘

・孔子様がおっしゃる「恕」の重要性

　「恕」とは，自分が他人からされて嫌なことは，人にもやってはいけない，つまり思いやりが大切だと教えてくださいました。

・坂村真民の詩「念ずれば　花ひらく」，心に深く祈念することの重要性

　子どもの成長を心から念じていけば，必ず花がひらく，とおっしゃいました。

5．友の心にいつまでも残る歌を

THE ARROW AND THE SONG　by H.W.Longfellow

「矢と歌」　ロングフェロー　塩野入靖夫 訳

I shot an arrow into the air,
It fell to earth. I knew not where;
For, so, swiftly it flew, the sight,

Could not follow it in its flight.
I breathed a song into the air,
It fell to earth I knew not where;
For who has sigh so keen and strong,
That it can follow the flight of song?
Long, long afterward, in an oak,
I found the arrow, still unbroke;
And the song, from beginning to end,
I found again in the heart of a friend.

私は　大空に向かって　矢を放った
目にも留まらぬ速さで飛び
大地の何処かに
落ちて行った
私は　大空に向かって　歌を口ずさんだ
歌は　誰の眼にも留まらずに
何処かの大地に
消えて行った
時は流れて　幾年月
私は目にした
樫の木に　折れずに刺る私の矢を
私は目にした　友達の心に残る私の歌を

13年目
平成18年度
第4期「信大YOU遊世間」の実践

1．学生の顔が柔らかくなった

　13年目の「YOU遊」の活動が全部終了した時点で，筆者はある学生に聞いてみました。「1年間にわたる活動を終えて，『YOU遊』にはやる価値がありましたか？」と。これに対して学生から返ってきた言葉は，「学生の顔が柔らかくなりました。仲間がいるという実感を持てるようになりました。一人ひとりが連帯することによって，大きな力が発揮されることがわかりました」という充実感に満ちた言葉でした。

　学生たちは地域の団体と連携し，子どもたちの成長のために労を惜しまずに活動に取り組みました。この活動の中で学生同士の心と心が響き合い，仲間意識が深まったといえましょう。自分たちのためにではなく，地域社会の子どもたちのために，という高い目的観に立脚したところに「喜び」が湧いてきたのです。他者の「喜び」を我が「悦び」とするところに，「教育的愛情」や「使命感」が生まれます。

　「YOU遊」の実践が13年間も続いてきた背景には，学生たちの心に「子どもたちの成長のために尽くすことによって，自らの教育者としての人間性が磨かれる」という真摯な思いがあり，それが先輩から後輩へと引き継がれてきたからである，といえるでしょう。このことは「信州教育」の先人たちが引き継いできた精神と通底するものがあると考えます。

「学生の顔が柔らかくなった」と語ってくれた言葉には「明るさ」と「楽しさ」が溢れていました。「遊び」も「楽しみ」もともに含まれているのが「YOU遊」の特色であるといえます。

2．「信州すざか農業小学校豊丘校」との連携

　学生スタッフは8年間，須坂市の豊丘地区へ通い，農家先生のお手伝いをしながら子どもたちの農作業体験の手助けをしました。また，体育館で行われる入学式や卒業式ではピアノ伴奏を任されました。

　「信州すざか農業小学校豊丘校開設要領」には，目標として次の2点が挙げられています。

①子どもたちの自然体験活動が不足している現状を考慮し，子どもたちがたくましい精神力を身に付けることを願う。
②地域の文化に触れることによって，ふるさと須坂の良さを再発見する。

3．有識者の卓見 ～「今，伝えたい事」～[*1]

　農業小学校は年間を通して農作物の栽培や収穫された農作物を調理し，自然の恵みを味わい，子どもたちに食べ物に感謝する気持ちを勉強させています。地域の伝統行事である御射山(みさやま)祭においても，小豆(あずき)飯をカヤの箸で食べます。焼きいもとひんのべ（すいとん）交流会，小麦粉を使ったおやきづくり，そば打ち体験，もちつき大会，どんど焼きなどを行います。米粉でまゆ玉を作り，どんど焼きで農作物の豊作祈願，無病息災を祈願します。（中略）子どもたちは，民話や伝説の話をすると身を乗り出して聞き，興味を持ちます。語る方にも張り合いがあり

ます。農業小学校での体験は，次世代を担う子どもたちにとっては，最高の収穫であり，一生忘れない思い出を心に刻むことになるでしょう。これらの体験を子どもたちは要求しています。それを提供するのが私たちの使命であると思います。

今，子どもたちに私たちが幼い頃に遊んだいろいろなことを教えておかないと，厚みのない薄っぺらな人間として，人生を送らなければならないことが心配です。

【羽生田郁雄　信州すざか農業小学校豊丘校校長】

4．有識者の卓見　～地域に根ざし地域に学ぶ土着思想，感性と知性の獲得～

「YOU遊」の実践プログラムは，活動課題ごとに学生が主体的に「企画立案」「実践」「活動評価」をする過程である。実践活動は，地域に根ざし，参加した仲間と課題を共有し，土を耕し・自然生態に出会い，自らの力で「価値ある体験」をすることである。

実践課題をもった参加者たちは，「農民」「地域の人々」「地域の伝統文化」との出会いから，刺激をうけ，体験して感動し，共鳴・共感を深めるのである。これが土着思想である。これらの体験は，教室の中で与えられる授業と異なって，自らの課題を仲間たちと関わり合いながら，感性と知性の獲得を可能にしているのである。

【佐島群巳（社会科教育学，環境教育）　東京学芸大学名誉教授】

5．教育学部長の激励　～実践的指導力と学問的素養を学ぶ～

「YOU遊」の事業に参加した教育学部生にとって，地域の大人や子どもたちとの共同作業を通じた交流体験が，学校現場で教員として活動する際の宝物になることは言うまでもありません。本事業の趣旨に賛同されて，各プラザで御協力い

ただいた地域住民の方々には，厚く感謝いたすものです。

　学校教員が持つべき資質は実践的指導力と学問的素養で，どちらかに偏ってはいけません。双方がバランスよく備わっていることが教員の必須条件でありましょう。

【岩永恭雄（代数学）　教育学部長・信州大学名誉教授】

6．信州教育の精神 〜高野辰之作詞の国民的愛唱歌「ふるさと」〜[*2]

　国民的な愛唱歌となっている「故郷（ふるさと）」の作詞者高野辰之は，明治9年，長野県上水内郡永田町（現在の中野市）の農家の長男として生まれました。この地域に小学校ができてまだ日も浅く，小学校に通うには一山を越えて行かねばならず，朝まだ暗いうちに，父に一緒に連れ添われて登校したといわれます。この父の影響をうけて，辰之は向学心に富んだ真摯な少年に成長しました。

　明治30年に長野県師範学校を卒業し，水内郡下水内高等小学校訓導となりました。翌年には中等教員国語科検定試験に合格し，明治33年に長野県師範学校教諭兼訓導となって国語科を教えました。明治35年には文部省の国語教科書の編纂委員となって，国定一期の編纂にあたりました。辰之は国語教科書のみでなく，音楽教科書の編纂にも携わり，明治42年には文部省の小学唱歌教科書を刊行しました。そこに「ふるさと」が掲載されました。

　　　一，うさぎ追いし　かの山　　こぶな　釣りし　かの川
　　　　　夢は今もめぐりて　　　　忘れがたき　ふるさと
　　　二，如何にいます父母　　　　恙（つつが）なしや友がき
　　　　　雨に風につけても　　　　思いいずる故郷（ふるさと）
　　　三，志をはたして　　　　　　いつの日にか帰らん
　　　　　山は青き故郷　　　　　　水は清き故郷

7．13年目の「YOU遊」の無事終了に感謝

　13年目の「YOU遊」の総まとめとして，12月16日に第5回「YOU遊フェスティバル」が開催されました。これには工学部，繊維学部，長野県短期大学（現長野県立大学），飯田女子短期大学から参加した学生も含め，合計174名の学生スタッフが170名の子どもたちと11講座に分かれ，喜びを共有することができました。学生たちの自律的な取り組みは，「YOU遊」の精神である「やりたい人が，やりたい事を，やりたいようにやる」という自発・能動の実践そのものであったと思います。

註
＊1　『平成23年度「信大YOU遊世間」の教師教育学研究』信州大学教育学部, 平成24年2月．
＊2　唐澤富太郎編著『図説　教育人物事典』中巻, ぎょうせい, 1984年．

14年目
平成19年度
第5期「信大YOU遊世間」の実践

1．「YOU遊」の企画は「運営委員会」と「全体会」で練り上げる

　14年目の「YOU遊」の目標は，「共鳴」―共に感じ共に学ぶ響き合いの輪―でした。この目標に向かって運営委員会と全体会で活動計画を練り上げます。運営委員会は月曜日の昼休みに，正副運営委員長3名と11の広場の正副プラザ長22名，合計25名で開催しました。この会合において，水曜日の昼休みに開催する58名からなる全体会の資料準備に取り組みます。全体会では，全プラザから活動計画の発表があり，関心をもってくれた学生をスタッフとして募集しました。全体会は通年で27回開催しました。

2．門脇厚司著『子どもの社会力』から見た「YOU遊」の意義[*1]

　このことについての2人の学生の考察を，次に紹介します。

　「私たちは『YOU遊』を子どもたちのためになる場にしたいと願いながら活動していますが，実は子どものためを思って活動していることが，結局は自分の社会性や社会力を育てる場になっていると思います。つまり，『信大YOU遊世間（ワールド）』の意義は，子どもの社会力をつけようと学生スタッフが頑張ることで，

子どもにも社会力がつき，学生にも社会力がつくという意義があると私は考えます。」

　「私は社会力の観点で，『YOU遊』を見たときに，学生こそ一番社会力がつくのだと考えています。そもそも『YOU遊』に参加している学生たちというのは，何かしら意思がある人たちです。そもそもそれ自体が社会力なのではないでしょうか。そんな人たちが集まって，一つのものを作り上げるために協力することを余儀なくされます。そこに相互行為が必ず発生します。この相互行為は必要感があるものであるため，自然に人との交流が深まっていきます。私は社会力のある人間でしか，他者の社会力は育てられないのだと考えています。その点で，学生間で行われる相互行為が非常に重要であり，社会力の向上につながっていると考えます。」

3．有識者の卓見 〜「YOU遊」のかたちと内容の変化のユニークさ〜

　休業土曜日に，大学のキャンパスに子どもたちを招き入れ，学生たちが協働するという「サタデー」としてスタートした試みを，子どもたちにキャンパスに来てもらうというのではなく，学生たちが地域社会に出て子どもたちと活動を共にする「広場(プラザ)」へ，さらには，子どもたちだけでなく地域の大人たちとの協働に発展させ「世間(ワールド)」にしていったという，かたちと内容の変化の在り方は，とてもユニークなものです。

【門脇厚司（教育社会学）　茨城県美浦村教育長・筑波大学名誉教授】

4．「YOU遊」は「善き友」とのふれあいの場

　「YOU遊」の活動は，文部省によってフレンドシップ事業と名づけられたように，

活動を通して学生同士が切磋琢磨し，肝胆相照らす仲へと友情を深めていくことができる場となっています。学生たちがキャプテンやスタッフとして「子どもたちのために」我を忘れて活動している姿は，他の学生にも大きな刺激になります。

学生同士は「子どもたち」を介して，お互いが「善き友」となり，強い絆で結ばれます。「YOU遊」の全体会に見られる明るさ，元気よさ，積極性は，この強い絆の表れといえましょう。

「善き友」を得ることの大切さを説いた釈尊のエピソードがあります。

ある時，釈尊に弟子の阿難が尋ねました。
「善き友を持てば，仏道を半ば成就したことになると思いますが，いかがでしょうか？」
すると釈尊は答えました。
「それは違う。善き友を持つことは，仏道の半ばではなく，仏道のすべてなのだ」

「YOU遊」の活動が「善き友」とのふれあいの場となっていることに祝福を贈りたいと思います。

5．有識者の卓見 〜学生が自らを問い深め，高める貴重な教育実践の場〜

平成6年，土井先生が「信大YOU遊サタデー」を始められた年，私は附属松本小学校から穂高中学校に移り2年目でした。先生がいいことを始められたことを知り，その後の展開にご期待いたしておりました。あれから20年が経つのですね。学生の主体的な活動のもと，だんだんと地域や関係団体の方々とも連携した活動が展開され，充実発展して来られたのですね。

今，学校・家庭・地域が連携して子育てをということが言われ，実践も現れつつあります。しかし，学生が主体となって教育活動を展開されていることは少な

いと思います。学生が自らを問い深め，高める，大変貴重な教育実践の場です。しかも，継続され「広場」「世間」「未来(チャンス)」と発展されてきた実践研究の成果であります。

【曽根原孝和　旧穂高町立穂高中学校長・元教育学部附属松本小学校副校長】

6．信州教育の精神 ～修身教材の開発に教師生命を捧げた川井清一郎～[*2]

（1）松本女子師範学校次席訓導，川井清一郎（1894-1930）

　川井清一郎は松本の出身で，長野師範学校と広島高等師範学校教育科を卒業し，ここで師範学校，旧制中学校，高等女学校の「修身科」の教員免許状を取得しています。広島高師を卒業後ただちに，西尾実・松本女子師範学校附属小学校主事によって訓導として迎えられました。

（2）川井訓導事件

　国定3期修身（道徳）教科書をめぐって，川井清一郎訓導と官吏である文部省視学委員の樋口長市，長野県学務課・畑山課長の間に大きな距離がありました。大正13年9月5日に行われた4年生の修身授業において川井訓導事件が惹起されました。[*3]

　　児童39名7列に各自の机に位置し，参観者45名その背後に立ち，視学委員学務課長等は椅子によって稍前(やや)に座せられ，本校職員其他の一部は廊下に溢れつつ西面(むか)して訓導に対ひあって居りました。何か物静かさが全教室にみなぎって居ました。川井君は教壇に教卓を前にして森鷗外作『天保物語』の頁を繰りつつ「護寺院が原の敵討(あだうち)」について説話を進めました。（中略）川井君は児童に向かって「それでは今日のお話はこれだけにして置かう」と言渡しました。その時，畑山学務課長は直ちに児童席の中央から前方に進み出て教壇下にいた

るや，くるりと廻って児童に向はれました。川井君は其間「これは課長が参観人に今日の批評会の注意をするのだな」と思って居たさうであります。課長が「修身の本を持っているものは手を挙げよ」と言はれた時，初めて川井君は「さては」と思ったそうであります。児童はその趣意を解しかねてか躊躇するものの様でありました。続いて「本を出して見よ」といふ言葉に児童の本を出すものもある。課長はこれを数へられました。川井君はこの間教卓を右に手先を組みて椅子に凭り児童にむかって居りました。

　樋口委員もその時椅子をはなれて，南から二列目児童の間を進み，一児童の修身教科書をとりあげ，ぱらぱらとこれをかへし川井君に向かって「これを教えましたか」川井君「いいえ，まだ教へません」課長は，児童に向かったまま「今は何の時間ですか」児童「お話の時間です」課長この所にて振り返り川井君に対ひ，「どうして修身書をやらぬか？」とたづねられました。この時児童の背後に声があり，池原主事があらわれて「一寸，暫く，其事はあちらで」と申出ました。課長は川井君に初めて軽く会釈し，樋口委員其他と退席されました。

　かくして授業は終わったのであります。

註
*1　『平成19年度「信大YOU遊世間」の教師教育学研究』信州大学教育学部，平成20年2月．
*2　唐澤富太郎編著『図説　教育人物事典』中巻，ぎょうせい，1984年．
*3　伝田精爾「視学委員視察当日を顧みて」『信濃教育』，大正13年10月号．

15年目
平成20年度
第6期「信大YOU遊世間」の実践

1．15年目の「YOU遊」の目標

　15年目の「YOU遊」の目標として掲げたことは，「感謝」，「つながり」，「リフレクション」でした。

　1つ目の「感謝」についての思いは，次の通りです。これまで私たちが活動を行ってくることができたのは，その陰にいつも地域の協力者の支えがあったからです。15年目の「YOU遊」を行えるのは当たり前ではなく，様々なバックアップがあるからこそ成り立つのです。今年度は「おかげさま」の心を「感謝」の言葉で表したい，という願いからこのテーマを掲げました。

　2つ目の「つながり」というテーマは，プラザごとが孤立して活動するのではなく，それぞれの抱える悩みや問題をみんなで共有しながら，「YOU遊」としてつながっていこうという願いです。

　3つ目の「リフレクション」は，これまでの活動において各プラザでリフレクションを行ってきましたが，その成果を次の活動に十分生かすことができていなかったように思います。そこで15年目の「YOU遊」では「リフレクション」をテーマに掲げて，一つ一つの活動を充実させていきたいと思いました。

2．「信大NOW」54号の特集記事に「信大YOU遊世間」が掲載

　平成20年11月27日，信州大学広報・情報室から学生にインタビュー取材がありました。「『YOU遊』の活動で得られることって一体何ですか？」という質問に対する学生たちの回答は次のようでした。

　○問題児といわれている子どもの思いを聞く力
　　K君は学校では問題児といわれていました。しかし，K君は友だち思いで，とても気遣いのできる子でした。私はK君と仲よくなりました。K君がある時，悪さをすることがありましたが，なぜそのようなことをしたのかを，よく聞いてあげたところ，心の思いを話してくれました。私は今までうわべを見ただけで人を避けるところがありましたが，K君との出会いがあってから，様々な子どもに話しかけるようにしています。

　○子どもから嫌われても，真剣に叱る力
　　「青木っ子通学合宿」で，子どもに修了証を渡す場面があり，名前を呼ばれた子は返事をして，前に受け取ることになっていました。一人の男の子が椅子に座ったまま手を出して修了証を受け取ろうとしたのですが，私はそのまま渡してしまいました。この場面を見ていた先輩が，その子に「せっかく，あなたに渡そうと思って準備してきたのに，どうしてそういう受け取り方をするの」と言ってたしなめました。その場面を見て私は，子どもに嫌われても，真剣に叱らなければいけないときがあることを学びました。

　○私はみんなに支えられている，という思いを持てたことが得たもの
　　第9回「全国フレンドシップ活動 in 信州」の実行委員長を引き受けた当初は，そんなことできるわけないよ，といって反対していた学生たちが，実行委員のメンバーになって，協力してくれるようになりました。私は不思議な力でみん

なとつながっているなと感じました。これが「YOU遊」で得たものだと思います。

○学生と話し合えるようになったことが,「YOU遊」で得た力

　平成19年度の第6回「YOU遊フェスティバル」の実行委員になり，活動をやり始めた時，私は先輩に圧倒されて，上っ面な意見しか言えませんでした。自分ではやりたいと思っているのに，言えないままでは実行委員をやっている意味がない。そう思って頑張って先輩に思っていることを話してみました。そうすると先輩もちゃんと応えてくれました。私が「YOU遊」から得たものは，話し合えるようになったことです。

　この4人が「YOU遊」の実践を通して体得した資質能力は，以後の教育者としての人生の基盤となって生き続けることでありましょう。

3．有識者の卓見 〜人間は，遊ぶときにのみ，完全な人間なのです〜

　何か新しいことを創出することには大きな情熱と努力が必要ですし，ましてや社会の中で最も保守的な組織である大学という場において，「信大YOU遊」事業を立ち上げ，発展されて来られた土井進先生のご苦労は並大抵ではなかったものと思います。

　ルドルフ・シュタイナーは，シラーの芸術論・教育論から多くのことを学び取っていました。そのシラーの著作『人間の美的教育について』（1795年）の一節に，「人間は文字通り人間であるときにのみ，遊ぶのであり，遊ぶときにのみ，完全な人間なのです」という文章があります。その意味で「信大YOU遊」は，人間の理想的姿を「遊び」の状態と捉えたシラーの思想と通底するものであると同時に，シュタイナー教育の理念にも相通じるものがあると思われます。

　【遠藤孝夫（ドイツ近現代教育史）　岩手大学教育学部長・岩手大学名誉教授・淑徳

大学人文学部教授】

4．「プレーパーク」で身に付けた「楽しく生きる力」

「YOU遊」で私は，「プレーパーク」という活動をしてきました。そこでは，さまざまな遊びが展開されます。「プレーパーク」に関わった時間は，私にとってかけがえのないものでした。中でも，そこで出会った方々との繋がりは，私の人生の軸になっているように感じます。「YOU遊」の活動は，「大学生にとっての総合学習だね」とおっしゃった内地留学生がありましたが，本当にその通りでした。「何かをしたい！」と思ったときにそれを実現していく力，つまりは「楽しく生きる力」は遊びの中で身に付けることができると思いました。

5．第9回「全国フレンドシップ活動 in 信州」の3会場での開催

平成21年3月4日～9日，第9回「全国フレンドシップ活動 in 信州」が青木村文化会館を主会場とし，麻績(おみ)村公民館・体育館，そして長野市檀田(まゆみだ)地区センターの3会場を結んで開催されました。9大学から70名の学生が参加しました。信州大学の実行委員は，3月4日に長野駅で他大学生を出迎え，9日には青木村で記念植樹を終えてお見送りをして閉会となりました。将来の教育者への志を抱いた学生たちが，全国から集い，寝食を共にして切磋琢磨し，青木村，麻績村，長野市湯谷(ゆや)小子どもランドの子どもたちと感動を共有することができました。ここに「全国フレンドシップ活動」の醍醐味がありました。他大学や信州大学の学生を前にして，青木村の宮原毅村長は，次のようにあいさつされました。

6．有識者の卓見　〜青木村の土着性は，正義と反骨心〜[*1]

　皆さん！ようこそ青木村にお越しくださいました。青木村は村に国宝がある全国唯一の村です。そして，青木村は義民の里です。青木村の人々の心底には，「義民」への崇敬の念があり，「義民の里」を誇りにおもう郷土愛が漲（みなぎ）っているといえましょう。

　青木村の義民の歴史を繙（ひもと）くとき，千数百年の古（いにしえ）の律令時代に都から青木村を縦貫して陸奥・出羽の国に至る，旅人や防人たちが往来したであろう古道「東山道」の歴史を忘れてはいけません。（中略）当時の都の情報がいちはやく確実にこの地にもたらされて，長い時間によって育まれた文化と豊かな自然が，この山深い里に「青木人気質」と言われる正義と反骨の心に富んだ精神を育み，その気骨は今の村民性にしっかり残っていると自負しています。

　江戸時代の百姓一揆を，全国的な統計数字で見ると，国別の第1位は信濃で，信濃の中で藩別第1位は上田藩です。その上田藩の領地の中で，特に百姓一揆が多く起こったところとして注目されるのが，現在の青木村に入っている村々なのです。この地域からは，上田藩全体を巻き込んだ2回の大一揆を含む5回の百姓一揆が起こっています。そのためつい最近まで，「夕立と騒動は青木から」という言葉が語られてきました。

　青木村の土着性とは，正義と反骨の心に富んだ「青木人気質」であると言っても過言ではありません。

　【宮原毅　青木村村長】

註
*1　小岩井彰・土井進「長野県青木村で「信大YOU遊世間」の学生が培った社会力」，信州大学人文学部『地域ブランド研究』vol.7, 2012年.

16年目
平成21年度
第7期「信大YOU遊世間」の実践

1.「信州大学功労賞」の受賞

　平成21年4月6日に行われた信州大学入学式の席上，小宮山淳学長から「信州大学功労賞」を，15年目の運営委員長が受賞する栄誉に浴しました。受賞の理由は，「地道な地域貢献活動を通して本学の地域社会での信頼感を高めるとともに社会活動の振興に功績があった」として，高く評価していただきました。

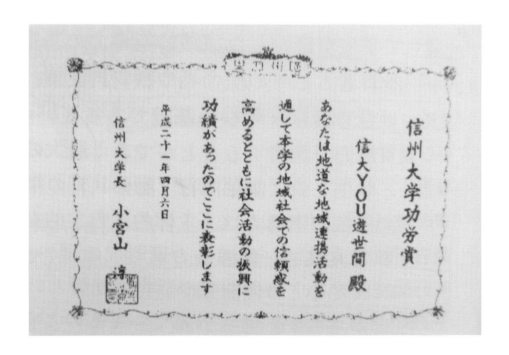

2．「YOU遊」の運営委員長に立候補した学生の願い

　16年目の「YOU遊」の運営委員長に立候補した学生が運営委員長としてやりたいと思ったことは，「いろいろ活動に参加したい」ということでした。

　○一人で抱えこまないで，みんなでやればいい
　　そのように思ったのは，平成20年12月に私たちの代に引き継ぎをするときに，私は1つのプラザの活動にしか参加していないことに気づいたからです。15年目の「YOU遊」に初めて参加して，人と関わることが苦手であった私は，積極的に知らない人の輪に入っていくことができませんでした。そこで全体の運営委員長をやって，まず自分自身がいろいろなプラザの活動に参加してみようと思いました。
　　運営委員長になってみて，活動を立ち上げる大変さ，人に仕事を頼む難しさを痛感しました。不慣れな作業に直面して私は，一人で悩んでいました。その時に周りの人たちが手を差し伸べてくれ，「一人で抱えこまないで，みんなでやればいいんだよ」と言ってくれました。この体験によって，人と人とのつながりが素晴らしいものだ，ということに気づきました。この1年間でみんなに迷惑をかけた数は計り知れないくらいあります。しかし，それと同じくらいの充実感を味わうことができました。

3．創立60周年記念事業，第8回「信大YOU遊フェスティバル」

　平成21年11月21日～22日に信州大学教育学部で信州大学創立60周年記念事業が執り行われました。その一環として開催された第8回「信大YOU遊フェスティバル」には，12講座に学生240名，子ども130名と保護者，地域住民，来賓，教職員等，約500名が参加しました。

4．「信大茂菅ふるさと農場」10周年記念祝賀会

　平成21年10月10日，10周年を迎えた「信大茂菅(もすげ)ふるさと農場」の記念事業として，林部信造氏による記念講演と祝賀会が教育学部で開かれました。会場には岩永恭雄教育学部長をはじめ，JAのみなさん，地主さん，農場の卒業生，在校生等約70名が出席してくださいました。

　林部氏からは，農場10周年を記念して「信大YOU遊世間(ワールド)」にテント一式が寄贈されました。

5．有識者の卓見 〜「信大茂菅ふるさと農場」10周年に思う〜[*1]

　本日は学生時代に，農場の開墾から稲作り，野菜作りに汗を流した皆さんと再会でき，とてもうれしく感じています。現在は教員として，社会人として，それぞれの風格をもち，立派になられた姿に接し，大変頼もしく思います。長野県内外で活躍されている大勢の先輩の皆さんのご出席をいただき，とてもうれしく思います。

　私は農場の10年目が，奇しくも80歳の傘寿(さんじゅ)と重なり，家内ともどもお招きいただき，身に余るお言葉と記念品を賜り，心から感謝申し上げます。10年間元気に「茂菅ふるさと農場」に携わることができましたのも，学生のみなさん，JAながののご指導，そして参加された大勢の子どもさんたちとの楽しい出会いと交流があり，共に作る，育てることの楽しさを味わい，たくさんのパワーをいただいたおかげであると感謝しています。これからも「茂菅ふるさと農場」の「土づくりによる人づくり」の理念を守り，一歩一歩確実に前進したいと願っています。

　私の農場との出会いは，次のようでした。私は職場を定年退職し，第２の職場も65歳で退任しました。町の公職も70歳で総て終り，後は残された余生を気楽に，生き甲斐を求め，楽しみをあれこれと計画していたところでした。そこへ平

成12年3月，JAながのの営農技術員と信大の土井先生と学生さんがお見えになり，茂菅に教育学部の学生による体験農場を開設したいとの相談でした。地元農家としての協力依頼がありました。私は高齢の上に，大学生の皆さんと交流し，農場に関する知識を教えることには自信がないこと，さらに我が家の農作業に過重労働になることを考えて，ご辞退いたしました。しかし，体験農場の趣旨が理解できましたので，及ばずながら地元農家として協力させていただくことを約束しました。今，私が元気でいられるのは，学生の皆さんからいただいたパワーのおかげと感謝しています。

【林部信造　長野市茂菅地区農家】

6．「信大茂菅ふるさと農場」の名前の由来

　ここは作物を栽培することを目的とする「農園」ではなく，学生を教育者として錬成する「道場」，すなわち「人づくり」の場であるから，「農場」としました。人間が汗を流して土地を耕し，苦労と喜びを体験した土地は，やがてその土地を離れることになっても，懐かしい「ふるさと」となって思い出の地になります。それで「茂菅」の地が，学生の第二の「ふるさと」となることを願い，「信大茂菅ふるさと農場」と命名しました。

7．学生が運営する「信大茂菅ふるさと農場」の活動内容

　平成12年に6年間放棄された荒廃地を教育用の水田4a，畑8aとして開墾した「信大茂菅ふるさと農場」は平成25年10月13日をもって閉場しました。14年間におよび学生と子どもたちが苦労して汗を流し，喜び励ましあった活動は表1に示すとおりです。

表1. 各年度の参加学生数と主な活動内容

年度(平成)	参加学生数	主な活動内容
12	25	6年間放棄された荒廃地を開墾し，水田4a，畑8aを作る。
13	35	水田にれんげの種を播き，春にれんげ畑で子どもたちと遊んだ。
14	32	田植えの終わった水田に，佐久で購入したフナの稚魚4,500匹を放流した。
15	26	茂菅米で餅つきをした。完全無農薬の新米でお寿司パーティーを楽しんだ。
16	38	水田の畦に植えた大豆を収穫し，きなこにして，冬におはぎを作った。
17	31	ジャンボかぼちゃ2個を収穫し，第4回YOU遊フェスティバルの入場門とした。
18	42	五穀豊穣を願って米，麦，豆，粟，黍の五穀を栽培した。落花生も栽培した。
19	43	背中に「八代目茂菅組」と書いた橙色のつなぎを着て，学生が勢ぞろいした。
20	40	田植えの済んだ水田にザリガニ20匹を放流し，子どもたちがザリガニつりをした。
21	52	農業を通して物事を素直に感じることができる心を養うことを目標とした。
22	52	裾花川での川遊び，すいか割り。ひょうたんを栽培しキーホルダーを作った。
23	48	フナの放流。ソバの栽培とソバクレープ作り。お面を作って豆まきを楽しんだ。
24	79	農作業に英語活動を取り入れた。「信大茂菅Farming Village」と改称した。
25	64	古代米を植え付け，田んぼに「モスゲ」の文字を書いて，大橋の上から眺めた。

註
＊1 『平成21年度「信大YOU遊世間」の教師教育学研究』信州大学教育学部, 平成22年3月.

17年目
平成22年度
第8期「信大YOU遊世間」の実践

1．経済産業省の「社会人基礎力」に通ずる「YOU遊」の目標

　「YOU遊」の目標は，年度ごとに運営委員の学生たちの協議によって決められます。17年目の目標は「感動と喜び」の共有と決まりました。

　学生たちは，地域の人たちと連携しながら，子どもたちと「感動と喜び」を共有することによって，「子ども理解力」を高めようとしています。また，活動に必要な「教材開発力」も身に付けていきます。さらに子どもたちと対話するコミュニケーション力の向上も目指しています。

　学生は，地域の子どもや大人と交流する営みの過程において，学生同士も深く交流します。学生同士が「地域の子どもたちのために」という思いを共有することによって，お互いに「善き友」となり，強い絆で結ばれていきます。このように地域社会の中で学生たちが身に付けていく資質能力は，経済産業省が提唱している「前に踏み出す力」「考えぬく力」「チームで働く力」の三要素からなる「社会人基礎力」に通じていると言えましょう。

2．長野県農業協同組合中央会より「にじの懸け橋賞」を受賞

　平成22年11月9日の9時50分からJA長野県ビル・アクティホールで，第63回

　JA長野県大会が開かれました。主催者あいさつの後，阿部守一長野県知事から祝辞が述べられました。引き続いてJA功労者顕彰，優良組合組織表彰が行われ，「信大茂菅ふるさと農場」の第10代農場長と第11代農場長が壇上に進み出て，JA長野中央会の茂木守会長から大きな賞状と記念品が授与されました。受賞理由は，「貴組織は地域活性化につながる協同活動を展開しその功績は極めて顕著であり他の模範となる」ものであると評価されたことにあります。このような賞をいただいたことに対し，JAながの営農指導部の皆様に厚く御礼申し上げます。

3．子どもたちの笑顔が教師を目指す私に元気とやる気，自信を与えた

　平成22年4月3日に発足した17年目の「YOU遊」の運営委員長として，重責を担った学生は，1年間の活動を振り返って，次のような手ごたえを感じたと述べています。

　　私は，仲間とのつながり，先生方とのつながり，子どもたちとのつながり，

そして，地域の皆さんとのつながりを実感してきました。どれもが自分を知ることの手がかりになったと思います。中でも子どもたちの笑顔が，私たちに元気を与え，やる気につなげてくれることを実感しました。「YOU遊」は，子どものことを一番に考えて企画し，行動する1年間でした。子どもの笑顔が学生に元気とやる気を与えてくれた経験は，教師を目指す私の気持ちに大きな自信を与えてくれました。

4．「YOU遊フェスティバル」の会場づくりは掃除・雑巾がけから

　「YOU遊」の前日は，授業が終わると学生たちはそれぞれの講座を開設する場所へ行き，誰いうとなく大掃除が始まります。子どもや保護者を迎えるのに，大学の汚れた場所を見せるわけにはいかないのです。平素の授業においては，学生が教室の掃除をする姿を見ることはありません。しかし，自分たちが主体者となって，明日子どもたちを大学に迎えるとなると，自然に掃除・雑巾がけに力が入るのです。

5．信州教育の精神 〜清掃活動の時間を人間形成の場として蘇生〜[*1]

　竹内隆夫（1917-2010）は，長野県師範学校を昭和12年に卒業し，県下の小中学校教諭を経て美術教育の指導主事として長野県教育委員会教学指導課に勤務しました。最後のご奉公として，長野県下で最も荒れた学校と言われた中学校校長として派遣されました。この学校の全校集会で，竹内校長は生徒に次のように語り掛けました。

　「牛や馬などの動物は，鞭打たれて指示・命令を受けて動きます。しかし，皆さんは人間の心を持った立派な中学生です。今日から本校の先生方は，清掃の時間に指示・命令はしません」

こう宣言して学校改革が始まりました。

竹内は，東京大学医学部の時実利彦教授の指導を受け，大脳生理学の知見を清掃活動に援用して，生徒が人間として高まることを第一目標とする清掃方法を考案し，実践しました。清掃中に話し声が聞こえると周りの人の迷惑になるので，15分間はおしゃべりをしない。話したくなる衝動をがまんすることによって，「意志力」を強くします。また，他者への迷惑感覚を養い，気働きができる「情操」を養います。次に口を閉じることによって，目が利くようになり，隅々のゴミに気付くようになります。これが「創造力」の発揮です。そして，掃除に取り組むことによって，人や物への「感謝」の念を持ち，誰が見ていようがいまいが，自分の心に「正直」に行動できる人格を形成します。この清掃の成果が見事に表れ，道徳優良校へと生まれ変わりました。

6．有識者の卓見 〜学生に不足している自然体験や社会体験に着目〜

これまでの教員養成カリキュラムでは，教育実習は3年次や4年次におかれていた。「信大YOU遊サタデー・広場(プラザ)・世間(ワールド)・未来(チャンス)」を発想した土井進教授は，20世紀後半，高度経済成長以降の豊かな社会に育った世代の学生たちに，自然体験や社会体験が不足していることを考えれば，とくに教師を目指す学生こそ児童・生徒とそれらの体験を共にすることの重要性に着目した。そこから学生は自らの未熟さに気付き，学問への意欲も生まれるからである。

注目すべきは，教育実習に臨んだ学生たちの多くがさらなる実践経験の継続への意欲を示し，それに応えるべく積極的に構想されたプランが「信大YOU遊サタデー」であったことである。この動機づけが重要である。活動する学生たちの報告を見ても，絶えず初発の動機を振り返り，実践活動の主体は学生にあり，自由な発想が認められていることに，成功や失敗を超えた彼らのプライドの存在を認めることができる。それは子どもの主体性を認め育むことに直結しているのである。

それを支えてくれた各地域の社会人リーダーからの貴重なアドバイスと協力も大きかった。これまでの集大成である『「信大YOU遊未来」の教師教育学研究』第19集を見ても，第11回信大YOU遊フェスティバルを含め12のプラザが活動し，その多様な実態は学生たちのレポートや感想に生々しく記されている。各プラザのプラザ長のいう「子ども主体」「仲間・先生・地域の人々とのつながり」の大切さを重視し，各種の企画は子どもに向かってアイデアを出し合い，積極的に挑戦している。そして，「子ども主体」「人とのつながり」というねらいの達成感を勝ち取っているところは見事である。

【加藤章（日本近世史）　上越教育大学長・上越教育大学名誉教授・盛岡大学顧問】

註
＊1　平田治『これからの学校掃除―自問清掃のすすめ―』一茎書房, 2018年.

18年目
平成23年度
第9期「信大YOU遊世間」の実践

1．「YOU遊」の実践が信州大学の学内版GP（Good Practice）に採択

　18年目の「YOU遊」の実践が，学内版GP「就業力」の育成，に採択されました。その経費を基にして『「信大YOU遊」18年の教師教育学研究』と題する報告書を編集し，卒業生124名，在学生63名から「YOU遊」の省察文を寄稿していただくことができました。18年間の実践を振り返り，学んだことを記録として遺していくことは，いただいたGP経費を最も価値的に活用させていただくことになると考えました。果せるかな，他大学からの有識者9名，長野県内の有識者・教育学部長8名から寄稿していただいた原稿を，本誌に再録させていただくことができました。

2．小・中学生12名が合宿の目標を定めた「大岡わらわら通学合宿」

　平成23年9月25日〜10月1日の1週間，長野市大岡老人福祉センターを会場にして，第3回「大岡わらわら通学合宿」が実施されました。これには長野市立大岡小学校と大岡中学校の児童・生徒12名と学生11名が参加しました。
　学生と児童・生徒が話し合って合宿の目標を次のように定めました。

①家族と住み慣れた環境から離れ，自主，自立の心をつちかうと同時に，家族のありがたさに気づく。
②テレビやゲーム機，携帯電話のない生活の中で時間の使い方を学ぶ。
③異年齢集団で共同生活をすることを通して，思いやりの心をもって，助け合いながら生活する楽しさを学ぶ。
④目標をもって生活する楽しさを知る。

3．有識者の卓見 〜よい縁のつながりを僻地一級の大岡の地で〜[*1]

　私は，平成16年から4年間青木村教育委員会教育長として勤務しました。そして，平成20年，青木村から長野市立大岡小学校校長として現場に異動になりました。大岡は長野市唯一の僻地一級の学校で，全校生徒51名の小さな山の学校です。縁とは不思議なもので，私が赴任する前年から「YOU遊」の皆さんが大岡で活動を開始していました。私は，そのご縁の中にまた入れてもらうことになったのです。

　「YOU遊」の学生の皆さんは，強靭な肉体と精神をもった若いエネルギーです。今年の一番の成果は，大岡の子どもたちのために新たな通学合宿を創造したことだと思います。少人数の固定化した人間関係の中で生きている子どもたちに，さわやかな風を吹き込んでくれました。

　6泊7日の通学合宿を大岡で創るということは大変な作業です。通学合宿がどういうものか何もわからない大岡の子どもや保護者，そして，地域の中で新たな活動を形にする。それは，まさに「0（ゼロ）」を「1（イチ）」にする活動です。しかし，それが苦労であればあるほど，創造的でやりがいのある最もおいしいところになるはずです。

　皆さんの真摯な取り組みは美しい。純粋に伸びようとするその気持ちは尊いと私は思います。悪戦苦闘する，不安や困難の中で本気になって汗する，本気に

なって動く，そういう姿勢の中でこそ「ご縁」が生まれるのだと思います。そして，その縁に対しておかげさまの気持ちを感じることで，縁はさらに広がります。「縁」は「円」でもあります。皆が丸くつながっているのです。これからもこのつながりの中で新たな「1」が生まれることを期待しています。

【小岩井彰　前青木村教育委員会教育長・長野市立大岡小学校校長・地球クラブ主宰】

4．村長さん，教育長さんに見守られ，麻績村CAMPが実現

　平成23年7月23日～24日，旧日向小学校グラウンドと体育館，第2公民館を会場として，初めて1泊の「麻績村(おみ)CAMP」が実現しました。これには学生38名，小学生50名が参加しました。

　学生主体の「麻績村 de 遊ぼう！」というプラザが発足して7年目の大事業でした。麻績村の村長さん，教育長さんが小学生と学生の動きを見守ってくださいました。CAMPのテーマは，「おみっこ」の頭文字をとって，「おおきな自然と，みんなで，つなげる，こころの輪」でした。

5．総勢800名を超える過去最大の第10回「YOU遊フェスティバル」

　平成23年11月26日，27日は好天に恵まれ，教育学部キャンパスを会場として，第10回「YOU遊フェスティバル」が開催されました。過去最多の20講座が開講され，学生スタッフ274名，子ども375名が参加しました。これに保護者も加わり，総勢800名を超える大盛況となりました。そのため開会式場となった第2体育館には収容しきれず，学生スタッフはグラウンドで待機することとなりました。

　学生スタッフ274名の中には，教育学部生以外に人文学部・経済学部・理学部・医学部・農学部・工学部，そして繊維学部からの参加者が含まれており，正に信

州大学の全学を挙げての「YOU遊フェスティバル」の観を呈しました。このフェスティバルの圧巻は，遠路にもかかわらず夜行の高速バスを乗り継いで他大学の学生たちも駆けつけてくれたことです。わざわざ信州教育の地へ馳せ参じてくれた次の8大学のみなさんの熱意と友情に深く敬意を表したいと思います。

　鳴門教育大学・岐阜聖徳学園大学・福井大学・横浜国立大学・上越教育大学・松本大学・清泉女学院大学（現清泉大学）・長野県短期大学（現長野県立大学）の学生は，キャンパスに到着するとすぐに生協食堂で学生クッキング隊の皆さんの手による茂菅米(もすげ)の朝食を召し上がりました。朝食が済むと各講座のキャプテンから役割分担の説明があり，スタッフの仲間たちとあいさつを交わし，1日の活動が始まりました。

6．有識者の卓見 ～信州教育は不滅である～

　私は三重大学を定年退官後，縁あって岐阜聖徳学園大学に大学院設置のため招かれ，在職中約5年間教育学部長として勤務した。私の学部長としての仕事は，如何に学生を教育し，教員採用率を上げるかであった。このため教授会の議を経て，まず行ったのが「信大YOU遊サタデー」を参観し，その実体を把握することであった。

　「信大YOU遊サタデー」の事業は，信州教育の宝であると同時に，それを越えた普遍的・国民教育として，真に有効な教育の方法であると評価したい。かつて信州教育は京都哲学を範とし，小学校教員による唯一の哲学会がある県であった。しかし，敗戦の結果，それらは旧(ふる)い教育として十把一絡(じっぱひとから)げ的に過小評価されたことは否めない。しかし，信州教育は不滅である。

　【齋藤昭（教育哲学）　岐阜聖徳学園大学教育学部長・三重大学名誉教授・岐阜聖徳学園大学名誉教授】

7．信州大学長の激励 ～実り多い活動の場となるよう願う～

　「信大YOU遊サタデー」として活動が開始した平成6年以来，のべ3,000人を超える学生が活動に参加し，子どもたちとの農作業やキャンプのほか，青木村をはじめとした市町村教育委員会等と協力した様々な活動を通して，多くのことを学び，得られたことと思います。特に教員を目指す学生にとって，自ら企画・実践し直接子どもたちと触れ合える「信大YOU遊」の活動は，現場での貴重な経験としてその後に役立っているはずです。さらには，参加した学生同士，またご協力下さった地域や関連団体の皆様等とのつながりも，この活動を通じてこそ得られたかけがえのない大切なものではないでしょうか。実り多い活動の場となるよう願う。
　【山沢清人（機械工学）　第13代信州大学長】

註
＊1　『平成21年度「信大YOU遊世間」の教師教育学研究』信州大学教育学部，平成22年3月．

19年目
平成24年度
第1期「信大YOU遊未来」の実践

1．19年目の「信大YOU遊未来」のネーミングの由来

　平成24年3月の「YOU遊」運営委員会において，これからの「YOU遊」の在り方について熟議しました。先輩たちが築いてきてくれた「サタデー（Saturday）」7年間，「広場（Plaza）」2年間，そして「世間（World）」9年間，合計18年間の地域貢献活動を，20周年を飛躍台としてさらに進化を図るために叡智を結集して語り合いました。その結果，次のようなビジョンが浮かび上がってきました。

①「YOU遊」を実践する学生は，学生同士の出会い，学生と子どもたちとの出会い，学生と地域社会の人々との出会い，というご縁（chance）を大切にします。
②学生は「YOU遊」の活動を通して，信州の農業に学び，「信州教育の精神」を学ぶ機会（chance）とします。
③学生は「全国フレンドシップ活動」と連携し，切磋琢磨しあう機会（chance）とします。
④学生・子ども・地域社会の人々が，「YOU遊」の実践を通して，それぞれの未来を創造していきます。これらのことを願って，ネーミングを「信大YOU遊未来（チャンス）」と決定しました。

　学生は「YOU遊」の活動において，子どもを真ん中にして，保護者世代・高

齢者世代と交流しながら，次世代を育成する労作業に取り組みます。この主体的な地域貢献活動によって，学生が自らの「人間力」・「教育者としての指導力」を養成することを目的としています。

　平成24年4月7日に教育学部図書館2階で，学部長，地域社会の協力者の皆さんのご出席のもとで，発足式が行われました。

2．「未来」のために「今」の機会（chance）を開拓する

　学生たちは，「YOU遊」の活動のために必要となる教材開発に黙々と取り組んでいます。一人の学生として，誰からも褒められもせず，授業の単位として認められることもなく，唯ひたすら子どもたちとの心と心のふれあいを求めて，尊い汗を流しています。「天知る，地知る，吾ぞ知る」という言葉がありますが，学生の主体的な心には，大きな喜びが満ち溢れていることでありましょう。このような実践にこそ「信州教育」の精神が脈々と流れているものと考えられます。

　信州には，人の誠を表す言葉として「ずく」があります。これは他者のために我が身を忘れて「尽くす」ことを意味する言葉です。学生時代に修得した「尽（ずく）」を発揮する「YOU遊」体験は，これからの長い教育者人生の礎となることと思います。

3．高大連携による高校生の大学生からの学び

　「YOU遊」の実行委員で，高校教員を希望していた学生は，大学の3年間で一度も高校生と関わる機会を持てなかったことを残念に思っていました。そこに実現したのが長野西高等学校との高大連携でした。教育学部キャンパスから徒歩約10分のところに長野西高等学校があります。平成24年11月26日，27日の第11回

「YOU遊フェスティバル」に17名の高校生が参加し，学生スタッフの一員となって活躍しました。高校生からは「話すときは子どもの目線に合わせて話をすることを学んだ。大学生はやはり子どもとの関わり方がうまい」という感想が寄せられました。

4．高校側担当教員が見た「YOU遊」の学生の熱い情熱と教員の資質

　高大連携を推進した高校教員は，信州大学教育学部の卒業生でした。長野西高に赴任以来，教育学部との連携の機会を模索していたといいます。この担当教員は，高校生を仲間に受け入れて活動する「YOU遊」の学生の動きを，次のようにご覧になっていました。

　子どもたちの安全を確保しながら，全ての子どもたちがのびのびと楽しめるフェスティバルを作り上げることに成功していました。子どもたちを預かる責任感からくる厳しさと，初対面の子どもたちの心を開かせる笑顔と優しさ，そして何よりも熱い情熱と教師に求められる資質を，学生たちの動きから高校生たちは肌で感じることができていました。

5．信州教育の精神 ～「信州教育」の名声を全国に広め，泰斗にした～[*1]

◇渡辺敏　長野高等女学校（現・長野県長野西高等学校）初代校長
　渡辺敏（はやし）(1847-1930)は二本松藩士（福島県）の子として生まれ，戊辰戦争に従軍して薩長軍と戦いました。明治8年に東京師範学校を卒業した後，明治大正期の教育者としての生涯を送りました。
　28歳の時，長野県大町村立仁科学校に招かれ，その後いったん福島県に戻り

ましたが，明治19年に再び長野に来県し，長野市立城山小学校・後町小学校の校長に就任，明治29年，県下で初の長野高等女学校を創設し，初代校長となりました。大正5年に退職するまで，長野県教育界に40年にわたって貢献しました。特に女子の体育普及に力を入れ，率先して戸隠登山を指導しました。科学教育，音楽教育にも力を入れました。渡辺は，大正5年に信濃教育会名誉会長に推されています。さらに大正11年には社会教育功労者として文部省表彰をされています。

　長野県尋常師範学校長兼学務課長を務めた浅岡一(はじめ)（1851-1926）は，渡辺の実弟にあたります。明治19年に創立された信濃教育会会長も務め，兄弟相携えて「信州教育」をもって，その名声を全国に広め，これを天下の泰斗たらしめたといわれます。

　長野県長野西高等学校の正門に，渡辺敏の立派な立像が建立されています。

6．有識者の卓見 ～「YOU遊」の活動を共にした保護者同士の横の連帯～

　「湯谷小子どもランド」には20年の歴史があり，その内の10年間は「YOU遊」の学生スタッフ自身が企画と運営を担当しました。「YOU遊」の学生が「子どもランド」に関わり始めてからの内容は，飛躍的に発展しました。毎年が単なる継続ではなく，「活動への情熱」が積み重なって確実に進化してきました。学生スタッフが毎月の企画を成功させ，子どもたちみんなに喜んでほしいと願っている気持ちが，毎回の「子どもランド」に溢れていました。

　保護者も運営者です。保護者は学生スタッフと一緒に夏キャンプを運営します。キャンプ中，保護者はわが子の生き生きした笑顔と学生スタッフの無償の献身的な活動にふれて，感動しています。そして，感動的なフィナーレを一緒に体験して，親として子どもと全力で関わることの喜びと幸せを心から実感し，親も成長しました。毎年参加してくれる子どもたちは，「子どもランド」が大好きです。学校に行けないときがあっても，「子どもランド」には通ってくれる子もいます。学

生スタッフが創り出している「教育的愛情」の魅力を感じているのだと思います。

　親（保護者）はわが子に無償の大きな愛情を注ぎます。学生スタッフも子どもたちの笑顔のために努力を惜しみません。ですから子どもたちは，「お兄さん，お姉さん」が大好きです。子どもたちは，親と学生スタッフが創り出す「愛情あふれる空間」で，異年齢の集団の中でもまれて，コミュニケーション能力を育てていくのです。

　私は子育ての10年間，学生スタッフと一緒に「子どもランド」に関わり続けて，多くの仲間を得ることができました。「YOU遊」のスタッフが子どもたちと喜びを共有する場を創造します。すると，その場に集まった保護者同士が横につながる場面を私はよく見てきました。この保護者同士の横の連帯を築くことは，現代社会ではとても難しいことで，地域の宝となっています。

【中谷隆秀　「湯谷小子どもランド」保護者代表】

註
＊1　渡辺敏全集編集委員会編『渡辺敏全集』長野市教育会, 1987年.

20年目
平成25年度
第2期「信大YOU遊未来」の実践

1. 日本経済新聞社の地域貢献度ランキング全国4年制大学の第1位

　平成25年11月27日付けの日本経済新聞に，全国の国公私立の4年制の737大学への平成24年度の実績調査の結果，信州大学の地域貢献度は前年度に続き全国第1位であったと報じられました。その紙面には，「信大茂菅(もすげ)ふるさと農場」で活躍する学生の写真が紹介されていました。地域貢献度全国第1位という成果に，「YOU遊」も貢献していると思われます。参考として，次ページに平成24年度の「YOU遊」活動一覧を示します。

2. 信州大学長の激励 ～教育県長野の名にふさわしい成果～

　最初の「信大YOU遊サタデー」は，たしか小生の在任中にはじめられたと記憶していますが，それ以来20年，サタデー・広場(プラザ)・世間(ワールド)・未来(チャンス)と，教育学部の学生が児童，保護者，住民と一体となって展開してこられた地域貢献は，教育県長野の名にふさわしい立派な成果を上げてこられました。先ごろ日本経済新聞社が4年制大学を対象に実施した「大学の地域貢献度」調査において，信州大学が総合首位を占めたのも，「信大YOU遊」の活動によるところが大きいものと思います。

【宮地良彦（物理学）　第9代信州大学長】

表1．平成24年度「信大YOU遊未来」の講座一覧

講座名	対象者	参加者数	開催日	場所
茂菅ふるさと農場	長野市内の小学生	40名×11回	平成24年4月～平成25年2月	信大茂菅ふるさと農場
湯谷小子どもランド	湯谷小学校児童	34名×13回	平成24年5月～平成25年3月	檀田地区センター
青木村えがおクラブ	青木小学校児童	60名×8回	平成24年4月～12月	青木村文化会館
麻績村 de 遊ぼう	麻績小学校児童	54名×10回	平成24年5月～平成25年2月	麻績村地域交流センター
信州すざか農業小学校	須坂市内の小学生	60名×18回	平成24年4月～平成25年3月	信州すざか農業小学校
信州大岡ふるさとランド	大岡の小中学生	20名×18回	平成24年4月～平成25年2月	大岡わらわらクラブ
YOU遊未来・喬木	喬木村の小学生	20名×3回	平成24年4月～11月	喬木村学遊館
第11回YOUフェス	長野県内の小中高生	644名	平成24年11月24日，25日	信州大学教育学部
第2回YOU-YOUキャンプ	長野県内の小学生	36名	平成24年8月5日～8日	長野市青少年錬成センター

3．信州教育の精神 ～「下卑た教師にならないために」～

　ある時，大吹雪の日に木村素衛先生(もともり)[*1]の講演会が開かれました。開講時間に遅れまいと，自転車を引きながら大息をついて駆け込んでくる青年教師がありました。この青年に木村先生は優しく，次のように尋ねられました。

　「どうしてあなたはこのような吹雪の中を，わざわざ私の講演に駆け付けて下さったのですか？」

　これに対する青年の返事は，「はい，私は下卑(げび)た教師になりたくないからです」と答えたそうです。

　西田幾多郎の門下生である下村寅太郎（東京教育大学教授）が，木村素衛は西

田門下の俊秀であると評しました。木村が長野県に入ったのは，昭和13年，附属松本小学校において講演されたときでした。この講演において木村は，次のような信念を歌に詠んでいます。

「底ひなく　深き愛あり　ますらをよ　命の限り　務めざらめやも」

木村は，戦後の長野県教育の混迷を救った教育哲学者であるといわれます。「教育の根本的なものは教育愛である。その愛無き者は真の教育者ではない」という信念を持って，長野県下の青年教師たちのために講演の行脚を続けました。50歳の寒い冬に家族が制するのを押し切って，信州の先生方が待っているといって，信州に向かいました。しかし，病が重く講演の途次において帰らぬ人となりました。享年50歳でした。

4．旧「大岡村」での伝統的な食文化の体験，大岡小学校との連携

平成17年8月27日に長野市若里市民文化ホールで第55回全国高等学校PTA連合会大会が開催されました。その特別第1分科会「完全学校週五日制とPTA―土曜日の有効活用を中心に―」において，旧大岡村（平成17年1月に長野市と合併し，長野市大岡地区となった）の大平由栄氏と「YOU遊」について語り合いました。後日，学生とともに大岡地区を訪ね，農村女性ネットワークの皆さんの芹の収穫，竹の子採り，こんにゃくづくり，やしょうまづくりのお手伝いをさせていただきました。ここには日本の大事な伝統文化が息づいている。この貴重な食文化を学生と共に学びたいものであると思いました。

平成25年9月22日〜28日の7日間，長野市大岡老人福祉センターで第5回「大岡わらわら通学合宿」が行われました。参加者は3年生以上の小学生6名と中学生4名の10名で，学生は11名でした。学生が朝食と夕食を用意し，学校への見送りと学校からの出迎えを行いました。子どもたちは学校から帰るとすぐに宿題にとりかかり，終わると大岡温泉で1日の疲れを癒しました。

学生たちは，子どもたちが学校へ行っている時間に掃除や後片付け，実践記録の記入を済ませ，車で約30分の信州新町まで食材の買い出しに出かけます。大岡は標高800〜900メートルほどの高地にあり，アルプスの山々を一望することができます。9月下旬には，大岡小学校の学校田の稲刈りが行われました。全校児童，教職員の中に学生たちも一員となって加わり，稲刈り・はぜかけ体験をして協働する喜びと達成感を味わいました。

5．有識者の卓見 〜学生の皆さんとの出会いは貴重な体験〜[*2]

　大岡小学校は全校児童51名の小規模校であり，子どもたちに起こる出会いというものも極端に少ないと思います。登校・下校もスクールバスでという環境の中で育つ子どもたちは，家に帰れば一人遊び，あるいは，祖父母や親との関わりしか経験がない子どももいます。

　そんな環境の中で，学生の皆さんとの出会いや遊びということは，子どもたちの将来にとって大切なことです。そして，これから教職を目指す学生さんたちにとっても，大切なことは言うまでもありません。まして，子どもたちが大学生と7日間をともに過ごす生活をすることはなおさらです。これからも，子どもたちにとって良いお兄さんお姉さんとして明るい笑顔で接していただき，多くの子どもたちに勇気や努力の大切さ，人を愛することや思いやることなどを伝えられる先生になっていただきたいと思っています。

　【金澤仁　大岡子どもプラザ施設長】

6．ホテル信濃路での「YOU遊」20周年記念シンポジウム

　平成25年8月10日に169名が集い，8グループに分かれてシンポジウムが開催

されました。ここで語り合われたことは，「YOU遊」は，学生の主体性・自発性に立脚した実践であったということと，先輩から後輩へと20年受け継がれた実践を貫いたものは，「信州教育」の精神であった，ということでした。参加者一同深い感慨にひたりました。

註
＊1　信州教育に大きく貢献した木村素衛（1895-1946）は石川県出身。主著は，『教育学の根本問題』黎明書房, 1947年.；『国家に於ける文化と教育』岩波書店, 1948年.
＊2　『平成25年度「信大YOU遊未来」の教師教育学研究』信州大学教育学部, 平成26年3月.

第Ⅲ部

「YOU遊」を実践した学生たちの「学び」

学生たちの「学び」

A．こども理解

1．有識者の卓見 〜「YOU遊」は「まなびほぐし」の体験〜

　「信大YOU遊」20周年，おめでとうございます。20周年といいますと。第1期で触れ合った子どもたちは成人を通り越して立派な「大人」になっているはずですね。少しでも記憶に残っている人がいたら大成功と言えるのではないでしょうか。

　長い受験勉強を終えて大学生になった学生たちにとって，教室での学習を離れて地域に出て行き，子どもたちと様々な活動をともにするのは，学生たち自身の「学び」を原点から問い直すよい機会になると思います。まさに「アンラーニング（unlearning）」であり，わたしは「まなびほぐし」と名付けています。それは，これまでの学習が「教える－教えられる」という関係の中でのこととしてきたことから脱皮し，様々な人，人たち，モノ，と直接関わる中で自然に「学んでいる」状態に身を置くことです。そこから，人はひとりではないこと，人とかかわり，人とともに生きる存在であることを自分自身の原点に据えることになります。是非それを生涯の糧としてください。

【佐伯胖（認知心理学）　東京大学名誉教授・信濃教育会教育研究所長】

2．障害をもった子どもと心からふれあえる自分に成長したい

　平成13年度に「信大YOU遊広場（プラザ）」が発足し，「自分のやりたいことができる場にしよう」という言葉を聞いたとき，私の頭の中に真っ先に浮かんだことは，「障

害をもっている人と一緒に活動したい」という願いでした。大学では不登校や障害児に関する授業はありますが，実際に不登校の子どもや障害をもつ子どもとふれあう機会は全くありませんでした。不登校の子どもや障害をもつ子どもと心からふれあえる教師になるためには，実際にふれあい，感じることが一番であると考え，行動を開始しました。

3．「放課後子どもプラザ信里」の純粋な子どもたちとのふれあい

学生たちは長野市信里(のぶさと)で3年間活動しました。子どもとのふれあいを通して感じたことを，学生は次のように述べています。

> 信里の子どもたちは元気で人懐っこく，思いやりのある子どもたちばかりです。学年や男女の隔てがなく，仲良く協力する気持ち，助け合う気持ちがあり，高学年の子が低学年の子のことを気遣う場面が活動の中でよく見られます。心優しく純粋な子どもたちと一緒にいると，こちらまで自然に笑顔になり，パワーをもらえます。

4．「YOU遊」で学んだ「0災害言語」

私が「YOU遊」に参加するなかで大きな影響を受けたのは，「0（ゼロ）災害言語」の大切さです。ある低学年の女の子に対して，私が何気なく冗談のつもりで言った言葉が，「YOU遊」の活動に行きたくない，と思わせてしまうほど，その子の心に大きな傷を負わせてしまったのです。子どもたちはとても純粋で真っ直ぐな心を持っています。そんな子どもたちが安心して活動できる場を提供するためにも，私の発する言葉のもつ「意味」や相手に与える「影響」をしっかり考えなく

てはいけないのだと学びました。

5．子どもたちから多くのことを教えられた

　心が動く時とはどんな時なのかと考えていて，私の頭の中に浮かんできたのは，子どもと一緒になって，笑い，喜び，そして苦しみ，悩む，そんな自分の姿と，その時の子どもたちの姿でした。

　私のこのような姿の出発点となったのは，「YOU遊」との出会いにありました。思い出すのは，まず私自身が「こんなこともできるんだ！」と講座そのものを楽しみ，そしてその楽しみを講座に参加してくれた子どもたちと味わっていたことです。

　子どもたちより少し長く生き，知識を持った人として接するのではなく，その時その時を子どもたちと同じ想いで過ごすことによって，子どもたちから多くのことを教えられました。

6．有識者の卓見　～教養審で取り上げられた「信大YOU遊サタデー」～

　平成9年7月の教育職員養成審議会（教養審）答申「新たな時代に向けた教員養成の改善方策について（第1次答申）」は教員養成カリキュラムの基本構造の転換を提言し，「構造転換により期待される効果」として「大学の創意工夫によるカリキュラム編成」が促されるとした。

　当時，「実践的指導力」と「大学の創意工夫」に関連し，「今後特に求められる資質能力」として，社会性，対人関係能力，コミュニケーション能力，ネットワーキング能力などが強調され始めた。さらに，「実践的指導力の基礎を強固にする」ための一方策として，「効果的な教育方法の導入が」提言され，それに関連して，当時，教育職員養成審議会においても「信大YOU遊サタデー」が紹介され，注

目されていたのは事実である。筆者は当時，教育職員養成審議会の委員を務めていた。

　平成9年から文部省は「教員養成フレンドシップ事業」を開始した。その3年前に発足した「信大YOU遊サタデー」の「先駆性」と「実績」を高く評価したい。
【高倉翔（教育行政学）　日本高等教育評価機構副理事長・明海大学長】

7．「プレーパーク」での経験から学んだこと

　大学を卒業し，中学校での教員生活も8年目を迎えました。元々は子どもと関わることが怖いと感じていた私でしたが，プレーパークという「YOU遊」の場所で，素敵な仲間に出会い，成長することが出来ました。

　今，目の前にいるのは中学生ですが，人と関わる経験や心の動きに関する経験が少ないために，様々なトラブルにつながっていることが少なくありません。プレーパークでの人と人が繋がる体験を生かして，生徒に考えさせて気づかせたり，体験させたりしています。しかし，現場には発達障害の子どもや甘ったれでわがままな生徒，教師の指導を冷ややかに見ている生徒もいます。「理想と現実」は違いますが，初心を忘れずに持ちつづけることが大切なのだと考えています。

8．自分自身を見つめ直す時間となった「YOU遊」

　私は大学卒業後，小学校に6年間務め，現在は育休で現場を離れて3年目になります。「YOU遊」での経験が，教師となってからどんな役に立っていたのか，と振り返ってみますが正直よくわかりません。

　しかし，「YOU遊」での経験は，自分自身を見つめ直すための時間だったと思います。自分たちで活動を企画し，実践し，振り返ります。その中で，悩み，考え，

仲間と話し合います。自分の気持ちと向き合うことで，自分の良い面も悪い面も見えてきて，自分のことがよく分かってきたように思います。学生時代にそういう時間をもてたことは，教師としてスタートするための自信になったと思います。

　そして，親となった今，「YOU遊」のような活動に我が子を参加させたいと思っています。少し年の離れたお兄さんお姉さんと継続的に接することは，子どもにとってとてもよい刺激になると感じているからです。教師を目指す学生と，参加する子どもたちの両方にメリットのある「YOU遊」のような活動が，もっともっと全国に広がってくれたらなと思います。

学生たちの「学び」

B．教育的愛情

1．信州教育の精神 ～教育的愛情と負けじ魂を詠んだ小林一茶～

　信濃国柏原の農家に生まれた小林弥太郎（1763-1828）は，15歳で江戸に奉公に出されました。そこで俳諧と出会い，俳号を一茶と名乗りました。

　信州の教育を支えてきた精神の一つに，小林一茶の弱者に対する深い愛情，負けじ魂があったと考えられます。その代表的な句が，「やせ蛙　負けるな一茶　これにあり」です。この句には，如何なる試練や困難があろうとも，一個の人間に秘められている無限の可能性への揺るぎない信念に裏づけられた不屈の精神と強い愛情が満ちています。

　弱者への教育的愛情を詠った句には，他に次のようなものがあります。

　　すずめの子　そこのけそこのけ　お馬が通る
　　やれ打つな　はえが手をする　足をする
　　我と来て　遊べや　親のない雀
　　雪とけて　村いっぱいの　子どもかな
　　名月を　とってくれろと　泣く子かな

2．子どもたちの笑顔のために

　大学時代,「YOU遊」へ参加させていただいた経験は，私にとって今までの自

分を変えていくきっかけになりました。子どものころから人に臆病になったり，やっていることに自信が持てなかったりしていた私の気持ちを前向きにしてくれました。そして，同じ道を目指している仲間と一生懸命取り組んできた日々は，今，教員をやっている土台になっています。副実行委員長をやり，企画，運営，実践と進めることの大変さ，楽しさを体験させていただきました。

　何より，「YOU遊」に来た子どもたちの笑顔が忘れられません。現在教員7年目，間に産育休を4年半取りました。毎日，子育てに仕事に正直辛いことも多いです。しかし，仕事を辞めようとは思いません。自分のパワーの源は，子どもたちの笑顔にあるからです。学校の子どもたち，そして我が家の子どもたち。こんなに幸せなことはないと思います。そして，素敵な笑顔になれる子どもたちの成長を少しでも手伝っていけたらと思います。全ては大学時代の経験からの出発，原点に立ち戻りながらこれからも頑張りたいと思います。

3．学生は何を求めて青木村に通うのか

（1）子どもたちに会いたい一心

　学生は大学の授業が終わるや否や，1時間以上をかけて，長野市から青木村に車に分乗して駆け付けます。学生を動かす原動力になっているのは，一体何なのでしょうか。

　青木村での活動は，授業科目ではないので，単位にはなりません。また，アルバイトにもなりません。では，学生は何を求めているのでしょうか。学生が一番求めていることは，青木村の子どもたちに会うことです。少しでもマシな教師になれるように，子どもたちと思う存分ふれあい，子どもの心が分かる教師になりたいと願っているのです。子どもたちとふれあいたいという教育的愛情の一心で，青木村に通っているのです。信州の地で「教育」の精髄を学びたいと強く願っているのです。子どもたちも，お兄さん，お姉さんが青木村に来てくれることを楽

しみに待ち望んでいます。

（2）子どもたちにとっての「あおきっこ通学合宿」の意義
　子どもたちは家庭を離れる不安はありますが，それを上回るお兄さん，お姉さんと生活を共にできるワクワク感があり，寝食を共にする喜びがあるのです。子どもたちは宿題を片付け，大学生が調理してくれた晩御飯を一杯いただき，様々なプログラムに取り組みます。子どもたちは大学生と生活を共にすることによって，自ずと10年後の自分の姿を学生の姿に重ね，成長の具体的な目標をつかみ，自分もやがてあのお兄さん，お姉さんのようになりたいという希望を抱くようになります。

（3）「あおきっこ通学合宿」での学生の学び
　学生は，朝食の用意をして子どもたちに食べさせ，「行ってらっしゃい」と学校に送り出します。その後，朝食の後片付け，掃除を済ませた後，食材の買出しに行き，自分たちの昼食の用意をし，晩御飯の準備をします。子どもたちが「ただいま」といって帰ってくると，玄関で「お帰りなさい」といって迎えます。このような1日の活動を通して，学生は家庭教育によって子どもたちが成長していることを深く学びます。また，1日1日成長した姿で学校から帰ってくる子どもを通して，学校教育の重要性と教師の責任の重さを実感します。
　合宿の中間で子どもが学校に行っている間に，家庭から着替えと手紙を書いてきてもらいます。子どもが布団に入ったときに手紙が学生から渡されます。子どもたちは布団をかぶって手紙を読み，涙しています。学生たちはこの光景を目の当たりにして，家庭における親の愛情の深さに感動します。ある学生はどんなに感動的な映画を見ても，人前で涙を流すことは一度としてありませんでしたが，「通学合宿」の終了式の扉が開いた瞬間に，本気で人前で泣くことができました，と振り返っています。
　学生たちは，子どもたちの笑顔，子どもたちの喜びを我が悦びとする教育的愛

情に満ちて，子どもたちとふれあっています。ここに教育者を目指す学生たちの強い願いが表れています。

4．教師としての姿勢の基本を学ぶ

　「教師になりたい」という願いを持って教育学部に入学しました。そこで私は「YOU遊」と出会いました。子どもたちと直接ふれあいたいと思い，活動に参加しました。今思うと，その時教師としての姿勢の基本を学んだように思います。まず，事前準備の大切さです。決められた時間の中で，子どもたちがどれだけ多くの活動ができるかを考えたり，年齢に応じてできる活動を見極めたりしてきたことです。当時は，それほど深く考えていませんでしたが，今，小学校1年生の担任をしていて，45分の授業を組み立てることを当たり前のように考えることが出来ています。大学3年間の「YOU遊」の経験は大きく，時々思い出し，初心に帰ることができきます。教師になってよかったなあと思う瞬間は，準備してきた教材に子どもたちが目を輝かせて取り組んでいるときや，クラスの子どもたち全員とグラウンドで夢中になって遊んだ時です。

5．信州教育の精神　～県歌「信濃の国」に詠まれた信州教育の精神～[*1]

　「信濃の国」の作詞者，浅井洌（きよし）（1849-1938）は，松本藩士の家に生まれ，明治19年に長野県師範学校教諭となり，大正15年まで40年間勤めました。浅井が作詞した「信濃の国」は，明治33年10月に行われた長野県師範学校の運動会において，女子部生徒が遊戯として披露したのが始まりであると言われます。その後，昭和43年5月20日に「信濃の国」は県歌として制定されました。

　七五調で歌いやすく作詞されています。六番まであり，信州の風土と教育精神

が詠み込まれています。

一，信濃の国は十州に　境連ぬる国にして
　　　聳(そび)ゆる山はいや高く　流るる川はいや遠し
　　　松本伊那佐久善光寺　四つの平(たいら)は肥沃の地
　　　海こそなけれ物さわに　万(よろ)ず足らわぬ事ぞなき

五，旭将軍義仲も　仁科の五郎信盛も
　　　春台(しゅんだい)太宰先生も　象山(ぞうざん)佐久間先生も
　　　皆此国の人にして　文武の誉れたぐいなく
　　　山と聳えて世に仰ぎ　川と流れて名は尽きず

六，吾妻(あづま)はやとし日本武(やまとたけ)　嘆き給いし碓氷山
　　　穿(うが)つ隧道(トンネル)二十六　夢にもこゆる汽車の道
　　　みち一筋に学びなば　昔の人にや劣るべき
　　　古来山河の秀でたる　国は偉人のある習い

註
＊1　唐澤富太郎編著『図説　教育人物事典』下巻, ぎょうせい, 1984年.

学生たちの「学び」

C. 使命感

1．子どもの成長のために尽くす

　世の中でそれぞれの仕事に携わっている人々は，その仕事ならではの計り知れない苦労を乗り越えて，世のため人のために尽くされています。人間が人間を教育する「教育」という仕事も，難事中の難事と言えましょう。この至難の業に挑む力は，児童・生徒の成長のために尽くそうとする使命感から生まれてくるものと考えます。

2．信州教育の精神 〜一介の青年教師・林芋村の使命感〜[*1]

　信州教育の伝統を築いた一介の青年教師，林芋村(うそん)（1886-1929）が自らの教育実践の中で詠んだ和歌は，教育者としての使命感がほとばしり出たものであると筆者は思います。
　「深雪(みゆき)せる　野路(のじ)に小さき沓(くつ)の跡　われこそ先に行かましものを」
　林は，下伊那郡千代村（現飯田市）の出身で，千代実業補習学校を卒業し，代用教員として千代小学校に勤めました。その後，大正4年，平谷村に移り平谷小学校の代用教員・尋常科正教員として15年間勤めました。昭和4年4月3日，山での植樹作業中の事故がもとで，44歳の若さで亡くなりました。

3．「信大YOU遊興譲館」で不登校の中学生とふれあった学生の学び[*2]

(1) 学生の発案で生まれた「中間教室」

　興譲館（こうじょうかん）とは，長野県教育委員会，長野市教育委員会の公認の下，平成14年3月〜平成15年11月まで，筆者の研究室がある「竹」の部屋の隣にある「松」の部屋を会場として開設された「中間教室」のことです。「信大YOU遊広場」の一つのプラザとして位置づけ，「信大YOU遊興譲館」と命名しました。平成15年11月に「竹」と「梅」の部屋が大学院教育学研究科心理教育相談室として整備されることになり，約2年間の短命で終わりましたが，開館日数は91日でした。事の起こりは，長野市の中間教室でメンタルフレンドの活動を経験した学生が，大学のキャンパスに中間教室を開き，不登校生徒に学生が空き時間に関わりたいと考えたのです。

　興譲館に来館した中学生は25名，そのうち継続的に通ってきた10名の内，9名が中学校に復帰し，1名が中学3年になってから復帰し，平成17年3月に高校入試に合格しました。

(2) 興譲館に参加した学生スタッフと中学生のふれあい

　学生スタッフの出身地は長野県，宮崎県，兵庫県，愛知県，群馬県，栃木県からなる24名でした。不登校の中学生が10名で合計34名で構成されていました。興譲館に中学生が5人以上集まった時は，自然と全員がグラウンドで遊ぶことが多くなりました。そこでの遊びは野球かサッカーでした。サッカーでのA君の成長の様子を学生は次のように記しています。

　　サッカーの活動の中でのある生徒の変化には驚かされました。最初は夏休みのときで，決して自分から勝負を挑んでくるような子ではないと思っていたのですが，その子の方から私に対してドリブルの1対1を仕掛けてきました。次は10月ごろで，興譲館に来た当初の物静かな印象からはまるで想像できない

ことなのですが，一緒にやっていた子に対して「パスくれっつーの！！」と大声で叫んで意思表示しました。最後は12月ごろで，サッカーをやり始めた当初は，自分が蹴って外してしまったボールを取りに行くのも渋っていたその子が，他の子がシュートして外してしまったボールも当然のように何の苦もなさそうに走って取りに行きました。

（3）興譲館が不登校生徒の「社会力」向上に果たした学生の役割

　学生スタッフが24名，中学生が10名，合計34名が，他者と関わりあう場が興譲館でした。学生スタッフが中学生一人ひとりに丁寧に対応した関わりは，彼らにとって有益であったと思います。いつも甘やかされているのではなく，時には叱る人がいたり，それをフォローしてくれる優しい人がいたりする。これが興譲館の人的環境でした。

　中学生は何もかも満ち足りた家庭生活を送っています。このことは中学生が一人で生きていくことを可能にしているといえます。これでは仲間と協力することも，自然や生きた人間との関わりも生まれません。

　一方，興譲館の物的環境は何もないといっても過言ではありません。水道も使えなければ，ガスもありません。遊びたくてもボールやバットもないのです。もちろんテレビもゲームもありません。調理実習をするには，水を汲みに行き，鍋を探し，食材を持ち寄るほかはありません。中学生も積極的に関わらなければ作業は進みません。このような興譲館の環境では，必然的に人と人のつながりが求められます。人と人がつながり，様々な体験活動を重ねることによって，不足していた実体験が満たされていきます。多くの他者と関わり協力しあう体験が成功体験へとつながり，自己肯定感へとつながります。これが中学生にとって喜びとなり，自信となって，次のステップへのエネルギーとなったと考えられます。

　興譲館での手作りの教育実践を通して体得した「社会力」向上の方途を，これからも実践していきたいと思います。

4．生協の生ごみを一輪車で運搬する土井進先生の後ろ姿

　私は，土井先生の後ろ姿に出会って衝撃を受けました。茂菅(もすげ)農場に使う堆肥を作るために，生協の生ごみを一輪車で運搬しておられる姿でした。私はこんなことをしている大学教授がおられることに本当に驚きました。それから私は，大地と関わることに熱心で，誠実に学生に接してくださる先生のもとで学びたいと思い，「YOU遊」の活動に積極的に取り組みました。卒業前，青木村での第9回「全国フレンドシップ活動 in 信州」にも参加しました。先生から学んだことは，志を高く持つことや言葉の持つ力の大きさです。私は今，千葉県佐倉市立白銀小学校に勤務し，教職14年目になります。学生時代に学んだ長野の土地を離れても，空をしっかり見上げて頑張れるのは，共に学んだ「YOU遊」の友が全国各地にいるからです。学生時代に実体験を学ぶことができた「YOU遊」に本当に感謝しています。

【木内（鈴木）亮子　千葉県佐倉市立白銀小学校教諭】
信州大学教育学部同窓会　第26回通常総会での記念講演，平成25年8月11日，ホテル信濃路

5．教員採用試験に受かるためでなく，良い教師になるために「武徳殿」へ

　朝起きるのが辛かったり，教員採用試験のために雑巾がけをやる意味が分からなかったり，「武徳殿」に来た多くの学生が最初はそのように感じていたと思います。しかし，全ての活動に意味があり，何よりも教員採用試験に受かるために勉強しているのではなく，4月から子どもたちの前に立つために，良い教師になるために勉強しなければいけないということに気づかされました。「武徳殿」に通った期間が，大学4年間の中で自分が一番成長できたと思います。

6．有識者の卓見 〜労を惜しまない真摯な学生さんの姿〜[*3]

　青木村では，子どもが育つ3つの「間」，すなわち存分に遊ぶ時間，遊び場としての空間，そして遊ぶ仲間の3つの「間」を，村を挙げて取り組もうとこころみているところです。その中で，「YOU遊」の学生さんが企画する様々な活動は，今では青木村にとってなくてはならないものになっています。労を惜しまない学生さんの姿に，頭が下がりました。たくましく成長している姿を，いつも感じていました。真摯な学生さん方にいつもエールを送っていました。このような熱い取り組みを青木村でしていただいていることに，心から感謝します。
【沓掛英明　青木村教育委員会教育長】

註
＊1　第56回関東甲信越地区小学校長会研究協議会長野大会実行委員会「信州教育の伝統を育んできた先人」関東甲信越地区小学校長会研究協議会長野大会，平成16年6月．
＊2　丸山大輔・土井進「信大YOU遊興譲館における不登校生徒の「社会力」の向上」，信州大学教育学部附属教育実践総合センター紀要『教育実践研究』No.6，2005年，pp.61-70．
＊3　『平成23年度「信大YOU遊世間」の教師教育学研究』信州大学教育学部，平成24年2月．

学生たちの「学び」

D.「遊び」「学び」の教材開発

　学生は出し物である「遊び」や「学び」のタイトルを「講座」と呼んでいます。学生は，活動内容を決めて，子どもとどう関わるかを考えながら教材開発に取り組んできました。20年間の「講座」の中から一部を抜粋して紹介します。

1．ものづくり講座

ランチョンマット，ロボット，オリジナルキャンドルづくり，クリスマスカード，ポストカード，下駄，パラシュート，万華鏡，はと笛，コースター，凧，ブーメラン，紙芝居，絵本，しおり，しめ縄，笹舟，お手玉，空き缶ネームプレート，ブローチ，お弁当箱の袋，看板づくり，シロツメクサの花飾り，ミニチュアシティを作ろう！！，和紙のブローチづくり，フェルトで作ろうアニマルマスコット，草木染のハンカチづくり，など

2．工作講座

小麦粉粘土，木工教室，本立てづくり，お弁当箱づくり，自分のハンコをつくろう，針金工房，竹田竹男の竹細工，つる細工，刃物とぎ，藤かご，マウンテンバイクを整備しよう，竹とんぼづくり，紙ひもでかごをつくろう，ペーパーグライダーをとばそう，オリジナルキーホルダーをつくろう，など

3．学び講座

社会科を10倍楽しくする方法，たのしい英語クラブ，教育学部ってどんなところ，お父さん 地域で講座を開きませんか，インターネット入門，学校五日制フォーラム―学校・地域社会・家庭の役割，みんなで書道をやろうか，楽しく上手に写真を撮ろう，ギターをやろうじゃーん，自分の音楽をつくろう，水彩色鉛筆の楽しいイラスト講座，金属の組織を見てみよう，学校では教えてくれないマル秘科学実験，いじめフォーラム'96，お父さんお母さん源氏物語を読みましょう，家庭教育フォーラム"お父さん 出番ですよ"，おしゃべり教育学，ドラム パーカッション入門，地図で旅行をしよう，など

4．食べ物づくり講座

かんかんアイスクリーム，おやつ，そばうち，紅茶，干し柿，餅つき，燻製，クッキー，綿あめ，スープ，お弁当，パン，うどん，おすし，おにぎり，焼き芋，枝豆，竹の子汁，五平餅，縄文式ぱん，タンポポ茶，よもぎ団子，THE☆さつまいも祭，ハロウィーンパーティをしよう！，King of Chair，お菓子の家からありがとぅ～うれしい！楽しい！感謝祭！！，のびーる ぺったん おもちたん，姨捨米でおもちつき，Bigでフワフワ☆グリグラパンケーキ，こんにゃく作り そば作り名人になろう，おいしい月見団子をつくろう，レアチーズケーキづくり，など

5．科学実験講座

スライム，スーパーボール，大きなシャボン玉，フィルムロケット，永久ゴマ，銀の鏡，自転車大分解，消しゴムをつくろう，みんなでイライラ棒をつくろう，

ぼく・わたしは原始人！火起こし体験，宇宙生物"スライム"をつくろう，など

6．運動講座

フリスビー，こままわし，ゴルフ，大縄跳び，サッカー，ミニ運動会，親子でバドミントン，トランポリン，ソフトボール天国，泥んこ遊び，畑での運動会，草投げ，水遊び，雪合戦，雪だるま，虫取り，タイヤ転がし，ドラム缶ころがし，鬼ごっこ，だるまさんが転んだ，人間知恵の輪，登山，ハイキング，川遊び，SAGASE！，○○中―最後まで生き残れ―，ゴムでっぽうであそぼう，逆転裁判！真犯人を見つけ出せ！！，おどってあそぼ！１・２ダンス，など

7．表現活動講座

けん玉，英会話，書道，作曲，世界の遊び，自分の音楽づくり，おはじき，あやとり，ベル合奏，写生，ムーブメント，七夕飾り，石にペイント，おーっきいシャボン玉，みんなでつくろう・X'masキャンドル，咲け！闇に光 万華鏡のふしぎ，写真をつなげてアニメをつくろう！，にんじゃりばんばん，飛び出せ！！絵本の世界！，ギネスに挑戦！紙飛行機に夢をのせて，絶望要塞，みんなで踊ろう！ソーラン節，ねん土をオーブンで焼くぜえ ワイルドだろう，あわてんぼうのクリスマスパーティー☆，ネーチャーアート，マジック，ボディペインティング，ちぎり絵，書，折り紙，ステンシル，アニマルダンス，秋のどんぐりアート，草木染，ギター，演劇，皆で作って遊ぼう，ガキ大将養成講座，君もできるよ，額縁作品をつくろう，プロへの一歩 イラスト 漫画体験，など

8．農作業体験講座

田起こし作業，じゃがいも植え，れんげの花摘み，田植え，じゃがいも掘り，稲刈り，脱穀，さつまいもの苗植えと収穫，稗(ひえ)取り，にんじんの種まき，そばの種まきと収穫，そばの土よせ，草取り，とうもろこしの種まき，田んぼにフナの放流，かかしづくり，など

9．有識者の卓見　～企画内容の質をどう高めるか～

　私自身は，常に「本物の文化や科学」に触れることを念頭におくべきだろうと考える。単なるイベント，終わったらゴミ箱行きの「がらくたづくり」等にならないよう判断基準を磨いていくことが必要だと思う。もちろん遊びも文化である。しかし，文化的価値の高い遊びとそうでない遊びの違いはあるはずだ。子どもにとって楽しく意味のある体験になることは大切であるが，単に「楽しかったー」というだけでなく，「本物の文化や科学」に触れることになっているかどうか，互いに検討することがあってよい。教材研究をして，質の高い題材を探す努力をすることは，子どもに対する責任として必要なことといえる。
　【小泉秀夫（授業研究）　横浜国立大学名誉教授】

10．「YOU遊」でのお兄さん・お姉さんから教育実習での先生への変容

　私は大学に入ってから，たくさんの子どもとふれあうために，「YOU遊」の活動に積極的に取り組んできた。だから自分では，子どもと活動していくのは好きだし，うまくやっていけるものと思っていた。しかし，教育実習で実際に授業をやって，子どもと向きあってみると何かが違う。地域の活動では，お兄さん・お

姉さんの立場であるから，子どもと同じ方向を向いていればよくて，一緒に楽しむことができた。しかし，授業となるとそのような一つの方向だけでは足りない。子どもと同じものを見ながら，もう一方で，見ている子どもたちを観る眼というものも必要だと気付いた。

　4週間の教育実習を振り返って，教師とは何かを考えてみた。私は，教育実習前は，教師の役目は子どもの姿を見て環境を整えたり，学習を促すことであると思っていた。だから外から客観的に見ている監視役みたいなものが教師の立場だと思っていた。しかし，実際に授業を通して子どもとふれあってみて，それでは何も見えてこない。なぜ笑っているのか，なぜつまらなさそうにしているのか，今，どんな感情なのかもわからない。これがわかるようになる，わかろうとするには，客観的な見方ではダメだ。内側から見つめていく眼，言い換えれば，もう一人の子ども自身になることが必要だと思う。子どもと教師が同じ環境のもとで，同じ人間としての立場に立って，同じ方向を向いて考える。そういうふうに師弟が同一化してこそ見えてくるものがあると思う。4週間の教育実習を経て私の考える教師とは，「もう一人のその子自身」の立場になってあげることであるような気がする。

　教育実習を通して，この学生の子どもへのかかわり方は，お兄さん・お姉さんから教師へと変わったといえるでしょう。教師には，子どもに寄り添うことができる「人間力」，子どもの学びを引き出すことができる「教材開発力」，そして，子どもと教材を結んで学びを成立させることができる「授業組織力」が求められます。この学生は，教材開発と授業づくりの試練を経て，子どもを観る眼を磨いたことが看取できます。

学生たちの「学び」

E．友情

1．卒業生13名が「しなのき会館」で宿泊

　平成15年12月6日，7日に「第3回YOU遊フェスティバル」と「学生シンポジウム」が開催されました。これには学生170名，子ども120名，卒業生35名，地域協力者18名，長野県教育委員会関係者6名，学部教職員18名，合計367名が参加してくださいました。

　13名の卒業生は，しなのき会館に宿泊し，朝食はクッキング隊の学生たちが，「信大茂菅（もすげ）ふるさと農場」でとれたコシヒカリの新米でおむすびとお味噌汁を作っておもてなしをしました。この朝食の席で，卒業生から次のような話題が出ました。それは，他大学の学生や教授と話をすると，よく「どうして信大生は涙を流すことができるんですか？」と聞かれるというのです。これを聞いた筆者は，間髪を入れず，「あなたはそれにどう答えてきたの？」と聞き返しました。これに対する寺坂桂子さんの回答は次の通りでした。

2．仲間と一緒にがんばり，共に流した涙は一生の宝

　やはり，わたしたちには泣き虫が多いです。素直に人の前で涙が流せる人間関係がそこに生まれているのではないでしょうか。

　「YOU遊フェスティバル」や「YOU遊キャンプ」などのイベントの後の反省会で私が流した涙は，喜びの涙です。そういう大きなイベントがある時，私たち

の学生生活の中心は「YOU遊広場(プラザ)」のことになります。本番の何週間も前から，どうやって子どもたちを楽しませようか。どういう仕事をすればよいか，で頭がいっぱいになります。みんなで楽しい企画を考え，大盛り上がりのときもありますが，一人で仕事を背負ってしまい，なんでこんなに大変なんだろうと悩むこともありました。スタッフ同士で意見がぶつかり合い，喧嘩になることもあります。夜遅くまでみんなで準備を続けることもあります。しかし，それを乗り越え，みんなで活動を作ってきて，子どもたちの笑顔を見られた時，それまでのがんばりが全て喜びに変わります。やってよかった！！涙の一つの理由は，やはりこの達成感です。

　そしてもう一つは，感謝の気持ちです。イベントの後に行われる反省会で一番聞かれるのが，「スタッフのみんながんばってくれたから…」という言葉と，「キャプテンが引っ張ってくれたから…」という言葉だと思います。「YOU遊」のみんなは，本当に素直に人に感謝を表します。私にはこんなに素敵な仲間がいる。みんなに出逢えてよかった！ありがとう！！一緒にがんばってきた仲間の顔を見て，うれしくて涙がこみ上げてきました。私はこんな想いだったと思います。

　「YOU遊広場」で，仲間と一緒にがんばり，共に涙を流したことは，私の一生の宝になると思います。「YOU遊広場」を支えてくださり，本当にありがとうございました。

　東京都出身の私が信州大学入学を決めた決定打は，オープンキャンパスで見た「YOU遊」スタッフ募集の広告でした。その後の学生生活には，いつも「YOU遊」がありました。農場・プレーパーク・全国フレンドシップ活動など，楽しく活動し多くを学びました。

　4年生の時に教育学部グラウンドのプレーパークに埋めたタイムカプセルを，平成25年3月に10年ぶりに発掘しました。当時の子どもたち（現在15〜25歳）とその親12名が集まりました。あの頃の活動は，参加者の彼らにとっても良い思い出だったのだと実感し，大変嬉しかったです。

　また，第1回「YOU遊フェスティバル」を企画・運営し，無事大成功した

きの打ち上げでは，みんなで涙を流しました。
【寺坂桂子　千葉県柏市立増尾西小学校教諭】
信州大学教育学部同窓会　第26回通常総会での記念講演，平成25年8月11日，ホテル信濃路

3．人と協力するのが下手だった私を変えてくれた「YOU遊」と仲間

　現在私は，中学校で2学年の副担任をしています。登山や職場体験学習など様々な行事を終えて，今は文化祭に向けてのまとめをしています。代表の11名の生徒とともに，寸劇のシナリオの作成，稽古，パワーポイントの作成，ビデオ作成に奮闘する毎日です。まるで「YOU遊」のようにチームを組んで活動しているような感じです。最近益々生徒の結束力が高まってきました。「体験」をすることで生徒は大きく成長します。私の「YOU遊」での「体験」が，今の私を支えてくれていると強く感じます。
　コミュニケーションが苦手だった私，人と協力するのが下手だった私を変えてくれたのは，「YOU遊」の活動と仲間との出会いだったと思います。教師として，これから益々子どもたちにたくさんの「体験」の場を作っていきたいと思います。

4．支え合いの大切さ

　私にとって教職の原点は「YOU遊」だと思っています。「これをしたらどんな反応がくるだろうか」「子どもたちに一体何を伝えたいのだろうか」「どんな手順で何をすればよいのだろうか」などと考えを巡らせていました。学校現場では常に考えていなければならないことを，学生の頃，仲間たちと共に考えていたのだと，今になって感じています。自分には思いつかないようなアイデアを出してく

れる学生，みんなが気づかない所で様々な配慮をしてくれている学生，それぞれが得意なことを生かして，支え合って活動していました。私も自分のできることを精一杯やることで，その一員になれた気がします。

　この支え合いこそが学校現場では必要であると思います。先生たちが支え合って団結している学校は，子どもたちが生き生きしています。

5．「お願いします」という一言がいえる人間になりたい

　キャプテンとスタッフの間のメールの返事が遅れてしまい，迷惑をかけてしまったことがあります。「あとで言おう，あとでやろう」ではなく，「今言おう，今やろう」という態度で活動に臨むことが，返事一つにおいても大切なことだと学びました。

　さらに私は，仕事を分担するということが苦手でした。係を決めるときも，「この仕事を〇〇さんにお願いしたい」ということがなかなか言えませんでした。これからは人に「お願いします」と言えるようになりたいと思います。また，何かを分担するときは，「私がやるよ」という一言が言える人間になりたいと思います。「0災害言語」に次の5つがあります。

　「ありがとうございます」「ハイ！」「すみません」「おかげさまです」「させていただきます」

　これらの言葉を使えるようになりたいと思います。

6．「YOU遊」を通して学んだこと，それは教師としての在り方

　「YOU遊」を引退して早15年が過ぎ，いつのまにか我が子を「YOU遊」に送る世代になっていました。「YOU遊」ではステンシル講座のキャプテン，また，事

務局の仕事や開閉会式係なども担当させていただきました。

　さて，今振り返って思うことは，「YOU遊」を通して学んだこと，それはテクニック的なことではなく，教師としての在り方，子どもと向き合う姿勢（それは目線を合わせるように腰を低くしてというテクニック的なことではなく），人間関係，同僚とのチームワーク，そして，人として恥じない生き方をすること，などだったのかなと思っています。

　教育に対し熱い思いや深い考えをもった先輩や同僚と朝まで語り合ったことが，「YOU遊」の経験で得た何よりも貴重な財産なのかもしれません。学校現場の日々のバタバタの中で，こんなふうに考えましたが，これもまた遠い記憶の奥底に眠ってしまうのかもしれません。忘れたころに思い返し，また，みなさんのご活躍されている姿を想像しつつ，私も自分を磨いていけたらと思っています。

学生たちの「学び」

F．人と人との絆

1．自信をすべて失った私に息を吹き込んでくれた「YOU遊広場」

　高校卒業後，2年間も予備校生活を送ることになった私は，それまでの自信をすべて失った状態で信州大学教育学部に入学しました。教員採用もかなり厳しい時代だったということもあり，「こんな自分が教師になれるのだろうか」という不安がずっとありました。その中で私にもう一度，息を吹き込んでくれたのが「YOU遊広場」でした。
プラザ

　「YOU遊広場」は，大学生による究極の総合学習の場だと私は思います。「YOU遊広場」で私は本当にやりたいことを思いっきりやらせていただき，頼りになる先生や仲間，農家や地域の方々に支えられ，「YOU遊広場」でこそ私は「生きている」という実感を抱くことができました。

　「YOU遊広場」は私に，恩師，恩人，仲間という一生の宝物を与えてくれました。そして，教師としての「人生」も与えてくれました。今の私があるのは，まちがいなく「YOU遊広場」のおかげであり，私という人間をつくってくれた「YOU遊広場」に心から感謝し，敬意をはらいたいと思います。そして，これからもずっと続いてくれることを願っています。

2．協力してもらうことの大切さ

　教職9年目の今，「YOU遊広場」で経験しておいて良かったなと思うことがあ

ります。それは,「いろいろな立場の方との交流」です。「YOU遊広場」の活動では,自分の願いを実行に移す中で,農業や福祉,教育などに携わる方から協力してもらう場面がたくさんありました。協力を得るには,自分の思いを伝えたり,相手の立場を考えたり,深くかかわり合うことが必要でした。その中で,気づいたことは,どんな立場の人も「子どもの育ち」を願っている,ということです。その根っこが同じだからこそ,多くの方が学生であった私に惜しみない協力をしてくださったのだと思います。教師として子どもの前に立った今も,その気付きが生きています。

　教育は一人ではできません。大勢の方からそれぞれの専門を生かして,子どもたちとかかわってもらっています。どんな立場の人も根っこは同じだと思います。私の教師としての子どもに対する思いをしっかりと伝えることができれば,みんなが心強い味方になってくださる。そう考え,いろいろな立場の方に協力を得ながらの毎日です。

3.「YOU遊」で得た私の財産は,「ご縁」

　私の財産は,「YOU遊」で共に活動した仲間とのご縁です。そして,茂菅の林部さんご夫妻をはじめ,青木村,麻績村,湯谷小等の活動を支えてくださった多くの方々とのご縁です。地域には,子どもたちの未来を本気で考えてくださる多くの大人がいます。子どもたちを地域や社会で活躍できるように育てるためには,教師が地域との窓口になって出会いをサポートしていけばいい,ということに気づきました。私一人が持っている力や知識など,たかがしれています。

　人に力を借りること,教わることは決して恥ずかしいことではなく,一つの大切な能力なのだと思います。人とつながれることが,生きていく上でいかに重要であるか,を「YOU遊」の実践を通して学んだ大学3年間でした。そして,社会人となった今,この経験のおかげで,授業で地域へ出ていくことや,授業に外

部講師をお呼びすることに抵抗はありません。子どもたちには多くの「本物」との出会いを経験させ，私も共に学んでいきたいと思っています。

「YOU遊」の活動において，同じ目標に向かって高めあった仲間たちの存在は，大学を卒業した今も，私に勇気を与えてくれています。このご縁に深く感謝しています。

４．「YOU遊広場」で初めて実現した「里山ふれあいキャンプ」

宿泊をともなう行事を企画するには，学校においても家庭においても，半日や１日の行事に比べて格段の企画力が要求されます。「信大YOU遊サタデー」が行われた７年間に，宿泊をともなう講座が何度も検討されましたが，ついに実現することはありませんでした。

平成12年11月11日に「信大YOU遊サタデー」の閉幕宣言が行われ，平成13年２月７日に「信大YOU遊広場」実行委員会が発足したのを境に，学生有志によって宿泊をともなう地域貢献活動について，７回にわたって議論が尽くされ，「里山ふれあいキャンプ」という宿泊をともなう広場（プラザ）が誕生しました。女子学生のプラザ長のもとに18名の学生スタッフが集まり，13家族37名の親子が参加しました。

宿泊をともなう行事を無事故で遂行するには，通常の活動の何倍もの心労を尽くさなければなりません。虎児を得んと欲すれば虎穴に入らなければなりません。18名の逞しい学生たちは，キャンプの成功のためにあらゆる試練を成長の糧として受け止めて立ち上がりました。

他のプラザの活動は，子どもが中心で，親は子どもの送り迎えと見守りという関わりがほとんどでした。しかし，「里山ふれあいキャンプ」は，子どもだけでなく，お父さん・お母さんも参加し，学生と一緒になって自然の中に飛び出し，思いっきり活動しようというプラザです。野外活動がご専門の平野吉直先生にご指導を

受け，先輩方からもアドバイスを受け，やっと参加者募集にこぎつけることができました。

5．汗を流して覚えたものは一生忘れない

　私は52歳で信州大学に社会人入学し，卒業後7年間長野市の小学校で担任として子どもたちと素晴らしい時間を持つことができました。教員免許を取得するには教育実習が必須ですが，私の経験からいえば随分と形骸化・陳腐化しているように思います。これに比べ「YOU遊」での体験は，この教育実習よりもはるかに実践的で大いに役立ちました。

　私は「YOU遊」では，不登校の中学生を対象にした「信大YOU遊興譲館（こうじょうかん）」のスタッフの一員として，毎朝の『論語』の音読指導を担当しました。また，夏の「里山ふれあいキャンプ」にもリーダーの一人として参画しました。中年の私からすれば，これだけ話し合ったのだから，「これくらいでいいんじゃないの…」と思うのですが，若さとはすばらしい。学生たちは，時間よりも心の納得感を優先するのです。延々と続く議論また議論。会社ならとっくに上司の判断で打ち切られていると思います。

　「YOU遊」の参加者は子どもだけではありません。その保護者や会場を提供してくださっている地域の方々も参加してくださいます。これは教育実習にはない，学生たちが自ら開拓した教育実践そのものの場であるといえます。失敗の苦さも成功の感涙も，すべて学生たちの手中にあります。

　私は企業に勤めていたとき，中間管理職の端くれとして苦労もしましたが，初めて学級担任をしてみて実感したことは，教職というのは過酷な勤務であるということです。教師は大学卒業と同時に試用期間なしで学級経営を担わなければなりません。この過酷な勤務の現実の前には，教員免許状の紙切れは何の意味も権威もありませんでした。あるのは目の前にいるつぶらな瞳の子どもたちと，その背後にいる保護者たちです。この重責を担うには，真剣な練習航海が必須である

と私は思いました。私は未知との遭遇のような7年間を学級担任として全力を尽くしましたが，至らないところがあり随分と失敗もし辛い思いもしました。

　7年間を振り返ってみた時，「YOU遊」での体験が，教員生活のバックボーンになっていたことに気づきました。一緒に汗を流した仲間が，どれだけ支え励ましてくれたか計り知れません。実に得難い大学4年間でした。汗を流して覚えたものは一生忘れません。

【小林則雄　元教員】
信州大学教育学部同窓会　第26回通常総会での記念講演，平成25年8月11日，ホテル信濃路

おわりに

　本書の執筆に当たり第一条件として考えたことは，今日の物価高騰を考慮して，低廉な冊子にすることでした。次に考慮したことは，20年間に約3,000名の卒業生が記述した『実践記録』の中からどれを採録するか，に心を砕きました。これらの条件のもとで1年度分の実践を5ページで構成し，本文を150ページに縮小することにしました。

　筆者は，「YOU遊」20年の実践の責任教員として，学生たちが誠心誠意を尽くして取り組んだ社会教育実践を一書にまとめて遺すことを願ってきました。定年退職後10年が過ぎた今が，その時であると思い立ち，執筆を開始しました。

　上越教育大学の加藤章学長（当時）は，過分にも「教師教育のノウハウや，あるべき教師像，さらに自らの信念の拠り所を示すこと」を筆者に課されました。加藤学長は本書の第Ⅰ部において，「信大方式はいわゆる『臨床経験科目』などの単位制システムとは別に，『やりたい学生が，やりたい時に，好きなようにやる』という自由度の高い学生主体の教育実践活動」であり，「これは戦後教育史の中でも21世紀的な教師教育の一つの在り方として高く評価されるべきであろう」と述べてくださいました。

　「YOU遊」の原点は，いい先生になりたいという夢を抱いて教育学部に入学した学生たちが，教員養成カリキュラムに「不満」を感じ，自発的な教育実践を開始したことに端を発しています。学生たちの真摯な願いを実現することが，筆者に与えられた使命であると自覚し，あらゆる試練を乗り越えてきました。「あるべき教師像，さらに自らの信念の拠り所」については，本書の随所に述べさせていただきました。

　有識者の先生方，歴代の信州大学長，教育学部長の先生方の「YOU遊」に対する深いご理解とご支援に心から感謝を申し上げます。最後に，本書の出版を快くお引き受け下さったジダイ社の佐々木隆好社長に感謝申し上げます。

事項別索引

信州教育の精神

1. 「信州教育」と呼ばれる源流を築いた筑摩県権令　永山盛輝　7
2. 県歌「信濃の国」に謳われた象山佐久間先生　35
3. 高遠藩藩校「進徳館」から貢進生に選ばれた伊沢修二　40
4. 小諸義塾で人間教育を実践した島崎藤村　41
5. 信州教育に精神性・哲学性をもたらした西田幾多郎　46
6. 「物となって考え，物となって行う」信濃教育会講堂入口に掲げられた西田幾多郎の直筆　47
7. 杉崎瑢・淀川茂重による「研究学級」の実践　60
8. 高野辰之作詞の国民的愛唱歌「ふるさと」　87
9. 修身教材の開発に教師生命を捧げた川井清一郎　92
10. 清掃活動の時間を人間形成の場として蘇生させた竹内隆夫　106
11. 長野県近代教育の恩人　渡辺敏　116
12. 「下卑た教師にならないために」木村素衛の下に駆け付けた青年教師　120
13. 教育的愛情と負けじ魂を詠んだ小林一茶　131
14. 県歌「信濃の国」の作詞者　浅井列　134
15. 一介の青年教師　林芋村の使命感　136

有識者の卓見

1. 「YOU遊」20年の教育史的意義　加藤章・上越教育大学長　21
2. 「YOU遊」という言葉の意味　佐島群巳・東京学芸大学名誉教授　26
3. 教師教育改革は教育改革の中心　佐藤学・東京大学名誉教授　37
4. あるべき教師像と「YOU遊」の信念の拠り所　加藤章・上越教育大学長　45
5. 「信大YOU遊」は「信州教育」の伝統を継ぐもの　泉野佐一・富山大学名誉教授　51
6. 教師への確かな決意を目指す「信大YOU遊」　濁川明男・上越教育大学教授　53
7. 農業を教育の場と捉えるもう一つの可能性　竹元清春・牟礼村（現飯綱町）ふるさと振興公社　57
8. 「YOU遊」は教師力の基底としての「人間力」に注目　藤枝静正・埼玉大学名誉教授　62

9．「信大茂菅ふるさと農場」の社会教育的意義　豊田実・ながの農業協同組合代表理事組合長　72

10．教員の人間力もまた試されるフレンドシップ事業　近森憲助・鳴門教育大学副学長　76

11．麻績村での9年間に及ぶ「YOU遊」の地域貢献　市川祥介・麻績村教育委員会教育委員長　77

12．「今，伝えたい事」　羽生田郁雄・信州すざか農業小学校豊丘校校長　85

13．地域に根ざし地域に学ぶ土着思想，感性と知性の獲得　佐島群巳・東京学芸大学名誉教授　86

14．「YOU遊」のかたちと内容の変化のユニークさ　門脇厚司・筑波大学名誉教授　90

15．学生が自らを問い深め，高める貴重な教育実践の場　曽根原孝和・旧穂高町立穂高中学校長・元信州大学教育学部附属松本小学校副校長　91

16．人間は，遊ぶときにのみ，完全な人間なのです　遠藤孝夫・岩手大学教育学部長・淑徳大学人文学部教授　96

17．青木村の土着性は，正義と反骨心　宮原毅・青木村村長　98

18．「信大茂菅ふるさと農場」10周年に思う　林部信造・長野市茂菅地区農家　101

19．学生に不足している自然体験や社会体験に着目　加藤章・上越教育大学長　107

20．よい縁のつながりを僻地一級の大岡の地で　小岩井彰・前青木村教育委員会教育長・長野市立大岡小学校校長　110

21．信州教育は不滅である　齋藤昭・岐阜聖徳学園大学教育学部長・三重大学名誉教授　112

22．「YOU遊」の活動を共にした保護者同士の横の連帯　中谷隆秀・「湯谷小子どもランド」保護者代表　117

23．学生の皆さんとの出会いは貴重な体験　金澤仁・大岡子どもプラザ施設長　122

24．「YOU遊」は「まなびほぐし」の体験　佐伯胖・東京大学名誉教授・信濃教育会教育研究所長　126

25．教養審で取り上げられた「信大YOU遊サタデー」　高倉翔・日本高等教育評価機構副理事長・明海大学長　128

26．労を惜しまない真摯な学生さんの姿　沓掛英明・青木村教育委員会教育長　140

27．企画内容の質をどう高めるか　小泉秀夫・横浜国立大学名誉教授　144

信州大学長・教育学部長の激励

1．一歩進んだ社会貢献，高い成果　小宮山淳・第12代信州大学長　4
2．地域，連携団体の皆様に感謝　平野吉直・教育学部長　7
3．思う存分やってください　　　小林輝行・教育学部長　21
4．この実践活動は本物だ！　漆戸邦夫・教育学部長　27
5．学生の実践記録を後に遺す意義　赤羽貞幸・教育学部長　31
6．今日は，大いに遊んでください　小川秋實・第10代信州大学長　32
7．素晴らしい学生の組織的な活動　森本尚武・第11代信州大学長　36
8．学生は社会人基礎力の必要性を感じている　藤沢謙一郎・教育学部長　75
9．反省的実践家を育む「YOU遊」　小林輝行・教育学部長　79
10．実践的指導力と学問的素養を学ぶ　岩永恭雄・教育学部長　86
11．実り多い活動の場となるよう願う　山沢清人・第13代信州大学長　113
12．教育県長野の名にふさわしい成果　宮地良彦・第9代信州大学長　119

卒業生の寄稿文

1．平成6年6月6日からのスタート　山口直之　24
2．「YOU遊サタデー」と命名した英語科3年生　渡辺一博　25
3．「教育県長野」の風土で地域・子どもたちと歩んだ20年　角田正和　30
4．生協の生ごみを一輪車で運搬する土井進先生の後ろ姿　木内亮子　139
5．仲間と一緒にがんばり，共に流した涙は一生の宝　寺坂桂子　146
6．汗を流して覚えたものは一生忘れない　小林則雄　154

参考文献

著書

1. 土井進「師魂を鍛える「信大YOU遊サタデー」」，小川秋實編著『知のプリズム―信州大学，創造の現場から―』信越放送，1999年，pp.137-140.
2. 土井進「環境教育としての総合演習―信大茂菅ふるさと農場における「米づくり」と「人づくり」―」，佐島群巳他編『エネルギー環境教育の理論と実践』国土社，2005年，pp.19-26.
3. 土井進「剥離しない学力と体験力」「信州大学の地域貢献活動―学生の体験力を高める「信大YOU遊世間」―」，茅野敏英編『考える力を高める体験学習』玉川大学出版，2007年，pp.24-30, pp.128-135.
4. 土井進「「信大YOU遊世間」の活動報告」，寺沢宏次他編『体動かせ，人と関われ，頭使え』ほおずき書房，2010年，pp.39-43.
5. 中山万美子『もっと子どもたちと遊びたい！信大YOU遊の挑戦』信濃毎日新聞社，2015年，全285頁.
6. 土井進『新時代の中等教育実習事前・事後指導―教育実習の成果をより実り豊かに―』ジダイ社，2024年，全165頁.

論文

1. 土井進「教員養成学部における実践的指導力の養成―「信大YOU遊サタデー」での体験的学習の指導を通して―」『関東教育学会紀要』第23号，1996年，pp.39-45.
2. 土井進「信大YOU遊サタデーに願うもの」『信濃教育』第1318号，1996年，pp.4-11.
3. 土井進「「信大YOU遊サタデー」において「もの作り体験学習」を指導した学生の教材観」『日本教材学会年報』第7号，1996年，pp.193-195.
4. 林向達・土井進「信大YOU遊サタデーにおける「人間力」の考察」『信州大学教育学部附属教育実践研究指導センター紀要』第4号，1996年，pp.57-66.
5. 土井進「学校週五日制時代の地域教育力蘇生への教員養成学部の対応―学生パワーを地域社会に開く「信大YOU遊サタデー」の実践―」，日本教育大学協会第二常置委員会編『教科教育学研究』第15集，1997年，pp.3-18.
6. 中村典史・土井進「学生にとっての出張YOU遊サタデーの意義」『信州大学教育学部附属教育実践研究指導センター紀要』第6号，1998年，pp.147-154.
7. 土井進「教師としての人間力の錬磨」，教育調査研究所『教育展望』通巻496号，2000年，pp.24-33.
8. 海沼正典・土井進「学校や地域社会における農作業体験学習の意義―「信大茂菅ふるさと農場」での実践を通して―」，信州大学教育学部附属教育実践総合センター紀要『教育実践研究』No.2, 2001年，pp.123-132.
9. 志村昌之・土井進「農作業における子どもの「体験」と「学び」を結ぶ支援―「信大YOU遊プラザ」に見る学生の実践―」，同上，No.3, 2002年，pp.97-106.
10. 那須良寛・土井進・谷塚光典「「信大YOU遊サタデー」の実践による学生の経験幅の拡大―信州大学教育学部における体験的カリキュラムの創設の効果―」，同上，No.4, 2003年，pp.105-114.
11. 土井進「体験力を育てる農業学習」，教育調査研究所『教育展望』通巻557号，2005年，pp.24-33.
12. 丸山大輔・土井進「「信大YOU遊興譲館」における不登校生徒の「社会力」の向上」，信州大学教育学部附属教育実践総合センター紀要『教育実践研究』No.6, 2005年，pp.61-70.
13. 土井進「「信大YOU遊サタデー」を通して学生が修得した実践的指導力の基礎の特質」，日本教材学会『教材学研究』第16巻，2005年，pp.211-214.
14. 土井進「信州大学学生による地域貢献活動とその評価」，信州大学人文学部『地域ブランド研究』Vol.3, 2007年，pp.109-129.
15. 土井進「「信大茂菅ふるさと農場」を教材とした総合演習（米づくりと食育）の実践」，日本教材学会『教材学研究』第20巻，2009年，pp.209-216.
16. 小岩井彰・土井進「長野県青木村で「信大YOU遊世間」の学生が培った社会力」，信州大学人文学部『地域ブランド研究』Vol.7, 2012年，pp.47-53.
17. 土井進・市川祥介「麻績村「森の学園」と「信大YOU遊未来」の協働による子どもと学生の成長」，同上，No.8, 2013年，pp.27-33.

著者紹介

土井 進（どい すすむ）1948年富山県生まれ

学歴：東京教育大学教育学部教育学科卒業
　　　東京教育大学大学院教育学研究科修士課程修了（教育学修士）

職歴：東京都品川区立東品川文化センター社会教育指導員，東京都文京区教育委員会社会教育主事補，東京都文京区立第五中学校教諭（社会科），東京都北区立飛鳥中学校教諭，お茶の水女子大学附属中学校教諭，お茶の水女子大学文教育学部非常勤講師（社会科教育法），信州大学教育学部附属教育実践研究指導センター助教授，同教育科学講座教授，同附属教育実践総合センター長，同大学院教育学研究科教授，同附属松本小学校長
　　　淑徳大学人文学部特任教授，同客員教授，長野保健医療大学大学院保健学研究科非常勤講師

担当授業科目：教育実習事前・事後指導，生活科指導法基礎，総合演習，教職概論，教育学概論，中等教育実習事前・事後指導，教職実践演習，総合的な学習の時間の指導法，生涯学習概論，地域活動と社会貢献，教師教育学特論，教師教育学演習，保健医療教育論，保健医療教育実践論

主な著作
『踏み出そう！教職への第一歩―教職概論・教育学概論』（2017年，単著，淑徳大学人文学部，全254頁），『テキスト中等教育実習「事前・事後指導」―教育実習で成長するために―』（2017年，単著，ジダイ社，全159頁），『実践から学ぶ総合的な学習の時間の指導と授業づくり―子どもと教師の願いを実現する総合学習の実践―』（2019年，共編著，ジダイ社），『唐澤富太郎と教育博物館の研究―実物教育による"もの"と"こころ"の探究―』（2020年，単著，ジダイ社，全196頁），『保健医療従事者のための「教育学」』（2022年，共著，明倫館書店），『仏教教育学と教育博物館の研究―唐澤富太郎の教育学研究に学ぶ―』（2022年，単著，ジダイ社，全445頁），『昭和天皇の側近木下道雄侍従次長に師事した高田豊寿の「社会形成力」講義100選　周禮研究会』（2023年，共編著，青山ライフ出版），『新時代の中等教育実習事前・事後指導―教育実習の成果をより実り豊かに―』（2024年，単著，ジダイ社，全165頁）

表紙：「信大茂菅ふるさと農場」の看板（2000年）を囲んで（一部写真を加工しています）
裏表紙：書家・林部澄翠（新日本書道・書友会関東地区理事・師範）の揮毫「遊」（2012年）

信大YOU遊　20年の実践を貫く信州教育の精神

2024年9月30日　初版第1刷発行

編　者　　土井 進
発行者　　佐々木 隆好
発行所　　株式会社ジダイ社
　　　　　〒330-0064
　　　　　埼玉県さいたま市浦和区岸町4-17-1-204
　　　　　TEL 048-711-1802　FAX 048-711-1804

印刷・製本　　モリモト印刷株式会社

ISBN978-4-909124-63-0
Printed in Japan

本書の一部または全部について個人で使用する以外，無断で複製，転載することは禁じられています。乱丁・落丁本はお取り替えいたします。